SWU-GEN- 005

THE UNIFORMS OF FRENCH ARMIES 1690-1894

VOL. 1

MAJOR STAFF
MAISON DU ROI - GUARDS

BY C. LIENHART & R. HUMBERT

SOLDIERSHOP SERIES

Title: **THE UNIFORMS OF FRENCH ARMIES 1690-1894 VOL. 1 - Major Staff, Maison du Roi, Guards** from the work of C.Leinhart and R.Hmbert. Edit by Luca S. Cristini. First edition by Soldiershop. November 2019
Cover & Art Design: Luca S. Cristini. ISBN code: 978-88-93275231
Published by Luca Cristini Editore, via Orio 35/4- 24050 Zanica (BG) ITALY. www.soldiershop.com

THE UNIFORMS OF FRENCH ARMIES 1690-1894 VOL. 1

MAJOR STAFF
MAISON DU ROI - GUARDS

LIENHART & HUMBERT

Les Uniformes de l'Armée Française

RECUEIL D'ORDONNANCES
de 1690 à 1894

PAR

LE DOCTEUR LIENHART
Professeur aux Facultés Catholiques de Lille

ET

RENÉ HUMBERT
Membre de la Société d'Historiographie Militaire.

LEIPZIG
LIBRAIRIE M. RUHL

UNIFORMS OF THE FRENCH ARMY FROM 1690 TO 1894

The plates presented in our volumes are a copy of the famous engravings made in 5 books by Dr. Costance Lienhart, professor at the University of Lille, and René Humbert, famous member of the Society of Military History, and published by M. Ruhl in Leipzig between 1897 and 1906 in a limited edition of 600 copies. Today many of these copies belong to collectors from all over the world, and it is precisely from one of these that our edition is derived, supplied to us by our friend Luigi Casali, historian and prestigious collector of original volumes of history and uniformology. The images were then cleaned and adapted to modern printing.
This is the first edition to be published in English and Italian. The original chromolithographic plates are almost 400, the layout of the work is divided by type.

The first volume has over eighty plates, is divided into two parts and is dedicated in the first part to the General Staff (general, field helpers, guides...). The second part presents the uniformological tables of the maison du Roi, the Royal Guard and the Imperial Guard. This volume deals entirely with the cavalry corps composed of eighty colour plates. The third volume is dedicated to the infantry corps, based on 62 original plates to which we have added images in the appendix. The fourth volume, the largest with 87 plates, deals with the Artillery and Genius corps and all the other subsidiary corps of the army. The fifth and last volume presents 84 plates mainly dedicated to the National Guard and the Guards of Honour up to page 15, then begins an interesting chapter dedicated to the allied troops of the French, especially those of the Napoleonic period (Confederation of the Rhine, Italian troops, Dutch, Neapolitan, Spanish, Polish, Prussian, Austrian and Danish).

GENERAL INDEX OF THE WORK:

EXPLANATIONS FOR UNIFORMS

Collar....
Dress....
Stripes....
Brandeburg....
Cuffs....
Stripes....
Trousers....
.....Stripes
....Lapels

.....Collar
.....Shoulder strap
Dress....
Stripes....
Cuffs....
Trousers....
.....Stripes
....Lapels

Headgear.......
Collar....
Dress....
Stripes....
Brandeburg....
Cuffs....
Trousers....
.....Shoulder strap
....Lapels
.....Stripes

Headgear.......
Collar....
Aguilleres....
Dress....
Stripes....
Cuffs....
Trousers....
.....Shoulder strap
....Lapels
.....Stripes

Headgear.......
Collar....
Dress....
Brandeburg....
Cuffs....
Stripes....
Trousers....
.....Shoulder strap
....Lapels

Helmet......
Collar....
Lapels....
Boutons
Cuffs....
Trousers....
.....Dress
.....Shoulder strap
.....Stripes
.....Stripes
....Lapels
....Shabraque

Collar....
Dress....
Brandeburg....
Stripes....
Cuffs....
Trousers....
.....Dress
.....Stripes

Collar....
Lapels....
Stripes....
Brandeburg....
Cuffs....
Stripes....
Trousers....
....Dress
....Shoulder strap
....Lapels

Collar....
Lapels....
Cuffs....
Trousers....
.....Dress
.....Shoulder strap
....Aguilleres

Trumpet and musicians dress
Cuffs....
Trousers....
....Collar

Hussar & cavalry brandeburg

Musicians swallow's nest

- 4.11 Gendarmerie
- 4.12 Paris Guard
- 4.13 Marine and colonial troops
- 4.14 Indigenous troops

Uniforms of the French Army (1690-1894) Volume V
- 5.1 National Guard - Honour Guard - Zappatori and firefighters

- 5.2 Allied troops - Bavaria
- 5.3 Allied troops - Württemberg
- 5.4 Allied troops - Frankfurt am Main
- 5.5 Allied troops - Baden
- 5.6 Allied troops - Hesse and Hesse
- 5.7 Allied troops - Nassau - Westphalia
- 5.8 Allied troops - Würzburg - Saxony
- 5.9 Allied troops - Gotha - Coburg - Weimar - Lippe
- 5.10 Allied troops - Anhalt - Waldeck - Oldenburg - Mecklenburg
- 5.11 Allied troops - Italy
- 5.12 Allied troops - Kingdom of Naples
- 5.13 Allied troops - Batava Republic and Kingdom of the Netherlands
- 5.14 Allied troops - Spain
- 5.15 Allied troops - Poland
- 5.16 Prussian auxiliary body
- 5.17 Austrian auxiliary body
- 5.18 Danish auxiliary corps
- 5.19 Interpreters and archivists
- 5.20 Grenadiers of Oudinot - Legion of Antibes - Western volunteers - Military convicts
- 5.21 Real volunteers - Regency of Tunis
- 5.22 Army of Condé

LE UNIFORMI DELL'ARMATA FRANCESE DAL 1690 AL 1894

Le tavole presentate nei nostri volumi sono la copia delle famose incisioni realizzate in 5 tomi del Dott. Costance Lienhart, professore all'università di Lille, e René Humbert, famoso membro della società di storia militare, e pubblicate dall'editore M.Ruhl a Lipsia tra il 1897 e il 1906 in tiratura limitata a 600 copie. Oggi molte di queste copie appartengono a collezionisti di tutto il mondo, ed è appunto da una di queste copie che deriva la nostra, fornitaci dall'amico Luigi Casali, storico e prestigioso collezionista di volumi originali di storia e uniformologia. Le immagini sono state poi pulite e adattate alla stampa moderna.
Questa è la prima edizione tirata in inglese e italiano. Le tavole cromolitografiche originali sono quasi 400, l'impianto dell'opera è diviso per tipologia.

Il primo volume conta oltre ottanta tavole, è diviso in due parti ed è dedicato nella prima parte agli Stati maggiori (generali, aiutanti di campo, guide...). Nella seconda parte sono presentate le tavole uniformologiche della *maison du Roi*, della Guardia reale e di quella imperiale. Questo volume si occupa interamente dei corpi di cavalleria composto da ottanta tavole a colori. Il terzo volume è dedicato ai corpi di fanteria, basato su 62 tavole originali cui abbiamo aggiunto delle immagini in appendice. Il quarto volume, il più corposo, con ben 87 tavole si occupa dei corpi di Artiglieria e del Genio e di tutti gli altri corpi sussidiari dell'esercito.
Il quinto e ultimo volume presenta 84 tavole dedicate principalmente alla Guardia nazionale ed alle guardie d'onore fino alla pagina 15, poi inizia un interessante capitolo dedicato alle truppe alleate dei francesi, specialmente quelle del periodo napoleonico (Confederazione del Reno, truppe italiane, olandesi, napoletane, spagnole, polacche, prussiane, austriache e danesi).

INDICE GENERALE DELL'OPERA:

Uniformi dell'esercito francese (1690-1894) Volume I

- 1.1 Stato maggiore generale
- 1.2 Maison du Roi
- 1.3 Guardie della Convenzione, del Direttorio e del Consolato
- 1.4 Guardia Imperiale Napoleone I
- 1.5 Guardia reale
- 1.6 Guardia imperiale Napoleone III
- 1.7 Gendarmeria

Uniformi dell'esercito francese (1690-1894) Volume II
• 2.1 Cavalleria
• 2.2 Carabinieri
• 2.3 Corazzieri
• 2.4 Dragoni
• 2.5 Cavalleggeri e Lancieri
• 2.6 Cacciatori a cavallo
• 2.7 Ussari

Uniformi dell'esercito francese (1690-1894) Volume III
• 3.1 Fanteria
• 3.2 Cacciatori a piedi e fanteria leggera
• 3.3 truppe d'Africa

Uniformi dell'esercito francese (1690-1894) Volume IV
• 4.1 Artiglieria
• 4.2 Genio
• 4.3 Treno dell'equipaggio
• 4.4 Corpo della "Remonte"
• 4.5 Commissari di guerra - Ispettori - Intendenti
• 4.6 Corpo sanitario
• 4.7 Amministrazione
• 4.8 Soldati invalidi, riformati e veterani
• 4.9 Scuole militari
• 4.10 Truppe leggere e straniere
• 4.11 Gendarmeria
• 4.12 Guardia di Parigi
• 4.13 Truppe di marina e coloniali
• 4.14 Truppe indigene

Uniformi dell'esercito francese (1690-1894) Volume V
• 5.1 Guardia nazionale – Guardia d'onore – Zappatori e pompieri
• 5.2 Truppe alleate - Baviera
• 5.3 Truppe alleate - Württemberg
• 5.4 Truppe alleate - Francoforte sul Meno
• 5.5 Truppe alleate - Baden
• 5.6 Truppe alleate - Assia e Assia
• 5.7 Truppe alleate - Nassau - Vestfalia
• 5.8 Truppe alleate - Würzburg - Sassonia
• 5.9 Truppe alleate - Gotha - Coburgo - Weimar - Lippe
• 5.10 Truppe alleate - Anhalt - Waldeck - Oldenburg - Meclemburgo
• 5.11 Truppe alleate - Italia
• 5.12 Truppe alleate - Regno di Napoli
• 5.13 Truppe alleate - Repubblica Batava e Regno d'Olanda
• 5.14 Truppe alleate - Spagna
• 5.15 Truppe alleate - Polonia
• 5.16 Corpo ausiliario prussiano
• 5.17 Corpo ausiliario austriaco
• 5.18 Corpo ausiliario danese
• 5.19 Interpreti e archivisti
• 5.20 Granatieri di Oudinot - Legione di Antibes - Volontari occidentali - Condannati militari
• 5.21 Volontari reali - Reggenza di Tunisi
• 5.22 Armata di Condé

Pl. 1.

I^RE PARTIE.

ÉTAT-MAJOR.

GÉNÉRAUX.
AIDES-DE-CAMP
ET
CORPS D'ÉTAT-MAJOR.
INGENIEURS GÉOGRAPHES.
GUIDES D'ÉTAT-MAJOR.

Généraux

Aides-de-camp. — Corps d'état-major.

Pl. 2.

ÉTAT-MAJOR GÉNÉRAL. GÉNÉRAUX.

Lieutenant-Général 1724.

Lieutenant-Général 1775.

Maréchal de Camp

Grand uniforme 1791.

Petit uniforme 1791.

Général d'armée. Republique.

Général de division. Empire.

Maréchal de France 1786

20 PRAIRIAL AN II.

Général d'armée

Général de division.

Général de brigade.

Pl. 3.

ÉTAT-MAJOR GÉNÉRAL. GÉNÉRAUX.

10 PLUVIOSE AN IV.

Général en chef.

Général en chef.

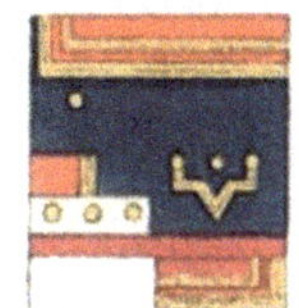

Général de division.

Général de brigade.

Général en chef.

Général de division.

Général de division.

Général de brigade.

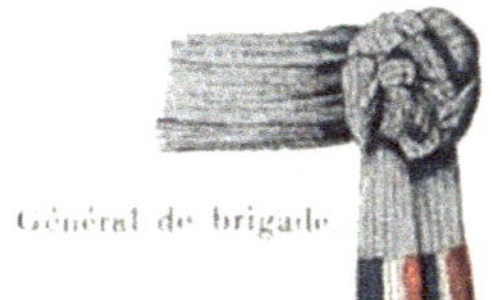

Général de brigade.

Général en chef et maréchal de France.

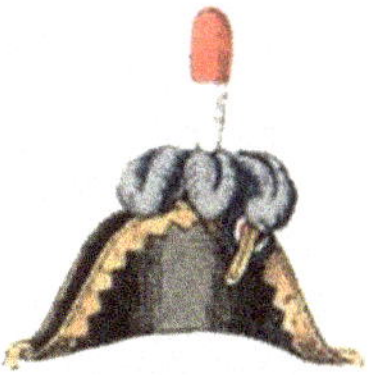

1ER VENDÉMIAIRE AN XII.

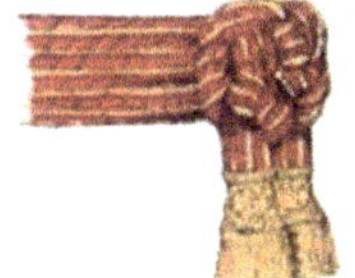

Général de division.

Général en chef, grand uniforme.

Général en chef, petit uniforme.

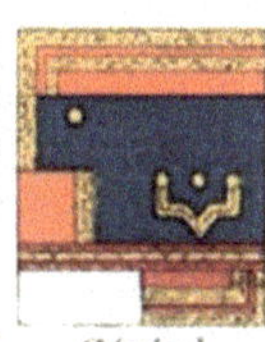

Général de division.

Général de brigade.

Général de brigade.

Pl. 4.

ÉTAT-MAJOR GÉNÉRAL. GÉNÉRAUX.

1ER VENDÉMIAIRE AN XII.

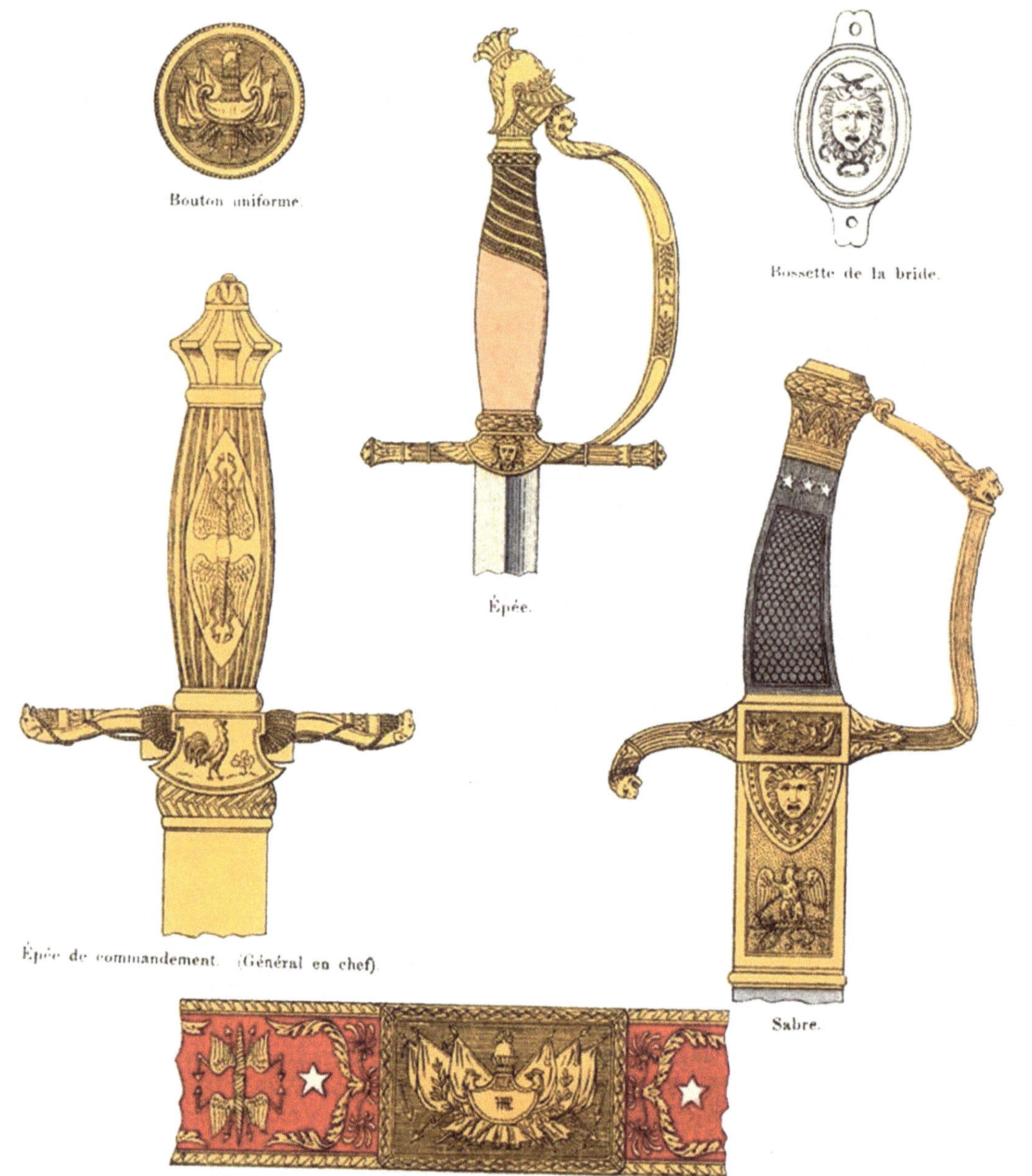

Pl. 5.

ÉTAT-MAJOR GÉNÉRAL. GÉNÉRAUX.

1ER VENDÉMIAIRE AN XII.

Dragonne.

Bouton et ganse de chapeau.

Chapeau.
Petit uniforme

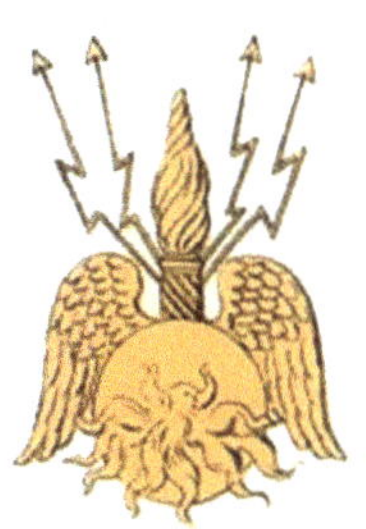

Ornement de retroussis.

Épaulette

Baudrier de commandement.

Pr. L. Fl. Mre.

Pl. 6.

ÉTAT-MAJOR GÉNÉRAL. GÉNÉRAUX.

1ER VENDÉMIAIRE AN XII.

Broderie de l'habit grand uniforme.

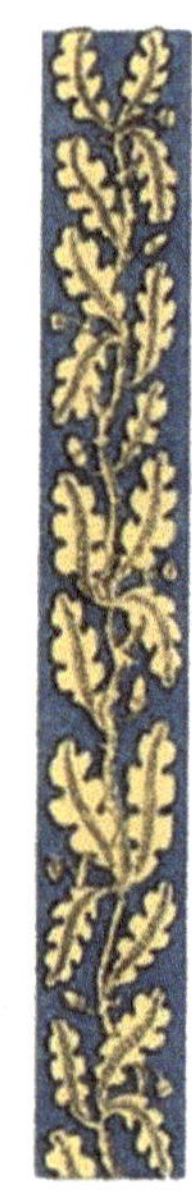

Double rang de broderie pour général de division

Broderie de la veste, grand uniforme.

Broderie de la jarretière de la coulotte.

Broderie de l'habit, petit uniforme.

Double broderie de l'habit, petit uniforme.

Coupe du collet.

Pl. 7.

ÉTAT-MAJOR GÉNÉRAL. GÉNÉRAUX.

1ER VENDÉMIAIRE AN XII.

Écharpe des généraux. (Général en chef).

Broderie de bord du chapeau.

Coupe du parement.

Pl. 8.

ÉTAT-MAJOR GÉNÉRAL. GÉNÉRAUX.

ORDONNANCE DU 23 JUILLET 1815.

Grande tenue.

Petite tenue.

ORDONNANCE DU 14 AOÛT 1816.

Maréchal: grande uniforme.

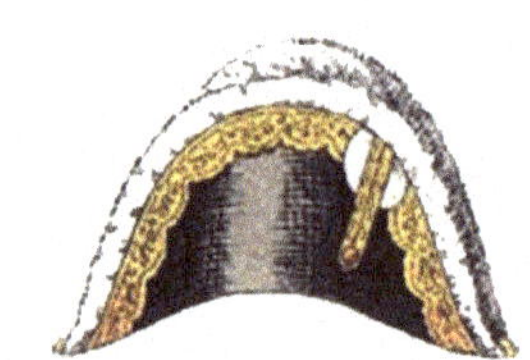

Maréchal: uniforme de tenue.

Bâton de maréchal.

Baudrier, épée, ceinture.

Maréchal: chapeau, habit, etc.

Lieutenant-général de la garde Royale.

Maréchal de camp de la garde Royale.

Lieutenant-général.

Maréchal de camp.

Maréchal de camp. Petit uniforme.

pr. L.

ÉTAT-MAJOR GÉNÉRAL. GÉNÉRAUX.

1836

Grand uniforme.

Habit de tenue.

Coquille d'épée de général

Dragonne.

Maréchal de France

Écusson d'épaulette de maréchal de France.

Dragonne.

Lieutenant-général.

1844

Bonnets de police

1852.

Pr. L.

Pl. 10.

ÉTAT-MAJOR GÉNÉRAL. GÉNÉRAUX.

1844.

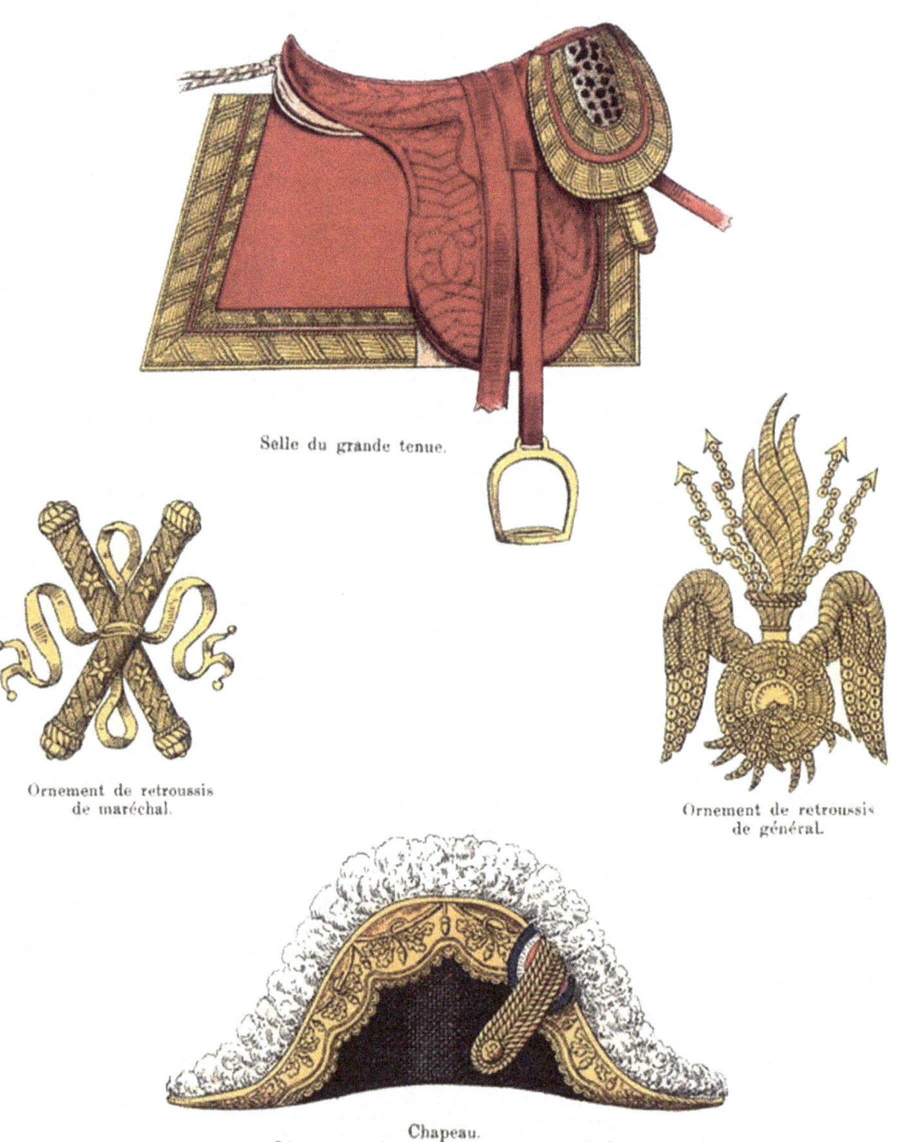

Selle du grande tenue.

Ornement de retroussis de maréchal.

Ornement de retroussis de général.

Chapeau.
Lieutenant-général Commandant en chef.

Pl. 11.

ÉTAT-MAJOR GÉNÉRAL. GÉNÉRAUX.

2E EMPIRE.

Garde Impériale.

Grande tenue. Petite tenue.

Général de division, grande tenue.

Épée de Général.

Général de brigade, petite tenue.

Général de division 1860.

Général de division 1868.

DE Lienhar

Pl. 12.

ÉTAT-MAJOR GÉNÉRAL. GÉNÉRAUX.

1880.

Grande tenue.

Petite tenue.

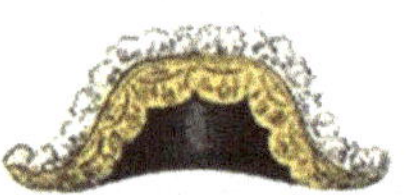

Général de Corps d'armée.

Général de division et de brigade.

Général de division.

Général de Corps d'armée.

Général de division.

Général de brigade.

Marques distinctives sur la manche

Dr Lienhart.

Pl. 13.

ÉTAT-MAJOR GÉNÉRAL. ÉTAT-MAJOR DES ARMÉES.

1775.

Major-général

Aide-major-général

Aide-maréchal des logis.

1786.

Boutonnière du collet

Aide-major

Aide-maréchal des logis.

Bouton et ganse de chapeau.

1ER VENDEMAIRE AN XII.

Ornement des retroussis.

Adjudant commandant grande tenue.

Adjudant commandant petite tenue.

Adjoint à l'état-major

Épaulette.

22. Mai 1816.

Officier d'état-major général, du ministre de la guerre et de la garde Royale.

Colonel d'état-major général.

Lieutenant-colonel d'état- major général.

Chef d'escadron d'état-major général.

Officier particulier d'état-major général.

Officier d'état-major général, petite tenue.

Ar.L.

Pl. 14.

ÉTAT-MAJOR GÉNÉRAL. ÉTAT-MAJOR DES ARMÉES.

1ER VENDÉMIAIRE AN XII.

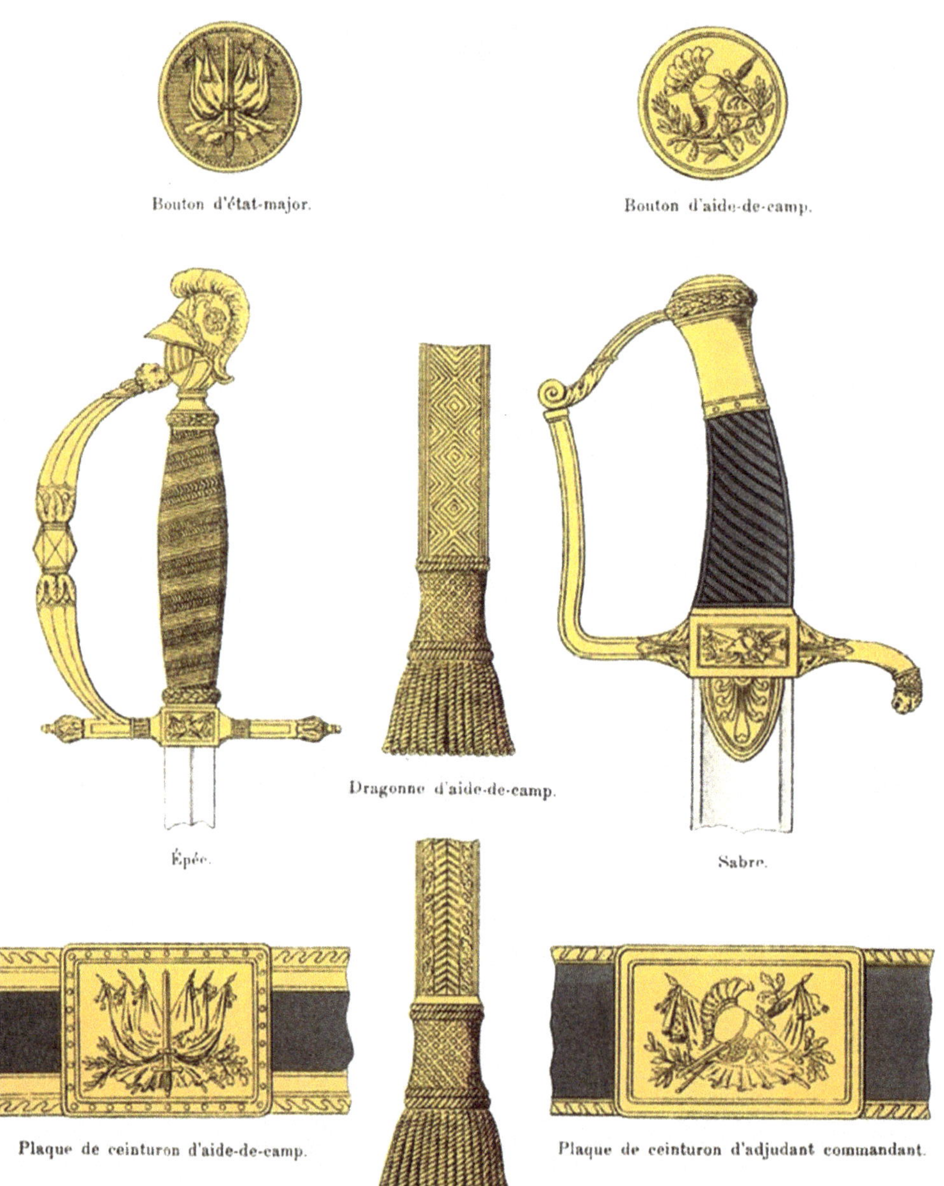

Bouton d'état-major.

Bouton d'aide-de-camp.

Dragonne d'aide-de-camp.

Épée.

Sabre.

Plaque de ceinturon d'aide-de-camp.

Plaque de ceinturon d'adjudant commandant.

Dragonne d'adjudant commandant.

Dr. Lienhart.

Pl. 15.

ÉTAT-MAJOR GÉNÉRAL. AIDES-DE-CAMP.

1er VENDÉMIAIRE AN XII.

Aide-de-camp
de général en chef.

Aide-de-camp
de général en chef.

Aide-de-camp
de général de division.

Aide-de-camp
de général de division.

Aide-de-camp
de général de brigade.

Aide-de-camp
de général de brigade.

Aide-de-camp.
An II.

Aide-de-camp.
1er Vendémiaire. An XII.

Aide-de-camp
de l'Empereur.

Aide-de-camp
du major général.

Dr Lienhart

Pl. 16.

ÉTAT-MAJOR GÉNÉRAL. AIDES-DE-CAMP.

22 MAI 1816.

Aide-de-camp des Princes.

Aide-de-camp ministre et maréchal.

Aide-de-camp.

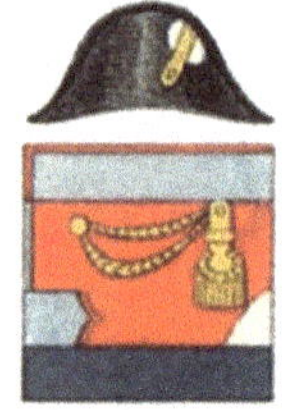
Aide-de-camp de Monsieur.

1880. OFFICIERS D'ORDONNANCE.

Ministre de la guerre et Président de la République

Commandant d'armée

Commandant de corps d'armée.

Général de division.

Général de brigade.

Dr. Lienhart

FANIONS ET BRASSARDS.

1880.

Général commandant en chef d'un groupe d'armée.

Major-général d'un groupe d'armée.

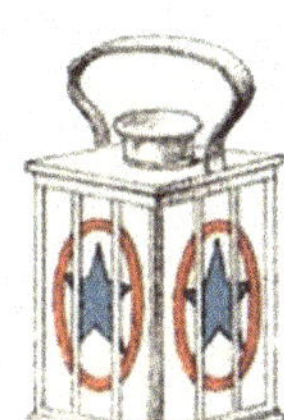

Général commandant en chef, une armée.

Général commandant, un corps d'armée.

Général commandant, 1er division d'un corps d'armée

État-major particulier du Président de la République.

État-major particulier du ministre de la guerre.

État-major de l'armée.

Général commandant, 2e division d'un corps d'armée.

État-major de corps d'armée.

État-major de division d'infanterie.

État-major de division de cavalerie

Général commandant 3e division d'un corps d'armée.

État-major de brigade d'infanterie.

État-major de brigade de cavalerie de corps.

État-major de brigade de cavalerie divisionaire.

Général commandant, une division indép d'infanterie.

État-major de l'artillerie de corps d'armée.

État-major du génie d'une armée.

Gouverneur de place forte.

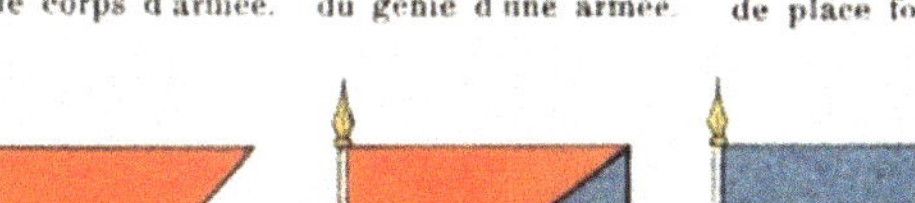

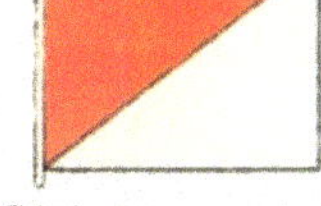

Général commandant. un groupe de divis. de cavalerie.

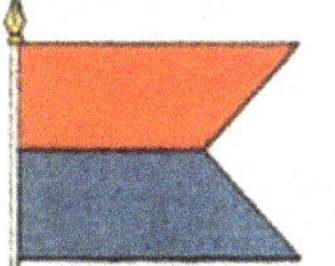

Général commandant, la brigade d'artillerie d'un corps d'armée.

Général commandant, le génie et l'artillerie d'une armée.

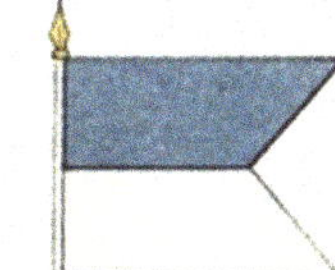

Général commandant, la brigade de cavalerie d'un corps d'armée.

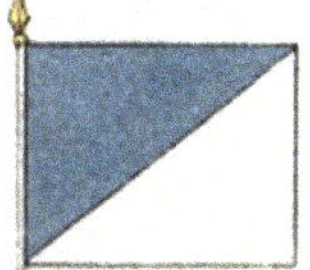

Général commandant, une division de cavalerie.

Dr Lienhart

Pl. 18.

ÉTAT-MAJOR GÉNÉRAL. CORPS D'ÉTAT-MAJOR.

6 MAI 1818. 1823. 26 MARS 1826.

Lieutenant-colonel et colonel.

Commandant.

Capitaine.

Aide-major.

Aide-de-camp de maréchal.

Aide-de-camp des généraux.

Chapeau. 1836.

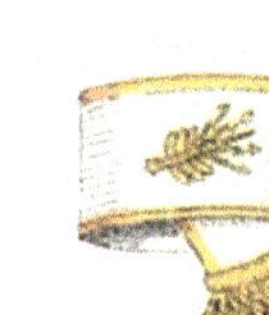

Aide-de-camp du ministre 1836.

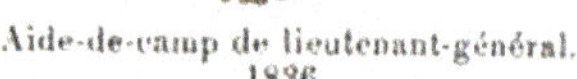

Aide-de-camp de lieutenant-général. 1836.

1818.

Aide-de-camp de maréchal de camp 1836.

DÉCISION MINISTÉRIELLE DU 29. FÉVRIER 1844.

Officier d'état-major.

Officier d'état-major, petite tenue.

Aide-de-camp du Roi et des Princes.

Aide-de-camp du Roi et des Princes, petite tenue.

Aide-de-camp de généraux en chef, ministre et maréchaux

Aide-de-camp des généraux de brigade.

Pl. 19.

ÉTAT-MAJOR GÉNÉRAL. CORPS D'ÉTAT-MAJOR.

1844.

Ferret d'aiguillette

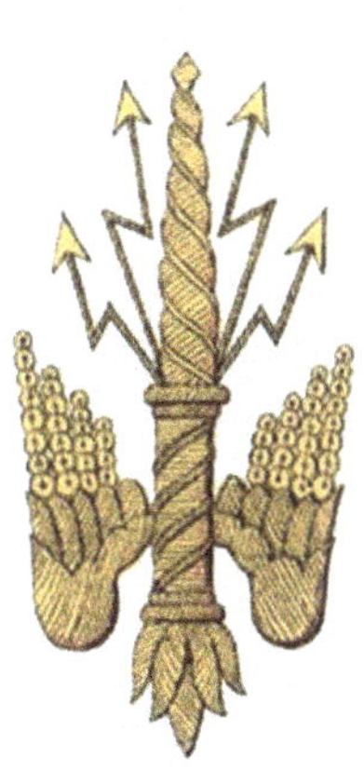

Ornement de retroussis.

Collet.

Dr. Lienhart

Pl. 20.

ÉTAT-MAJOR GÉNÉRAL. CORPS D'ÉTAT-MAJOR.

1852.

Officier d'état-major.

Aide-de-camp de l'Empereur.

Aide-de-camp de l'Empereur, petite tenue.

Aide-de-camp de général de division.

Aide-de-camp de général de brigade.

Aide-de-camp, petite tenue.

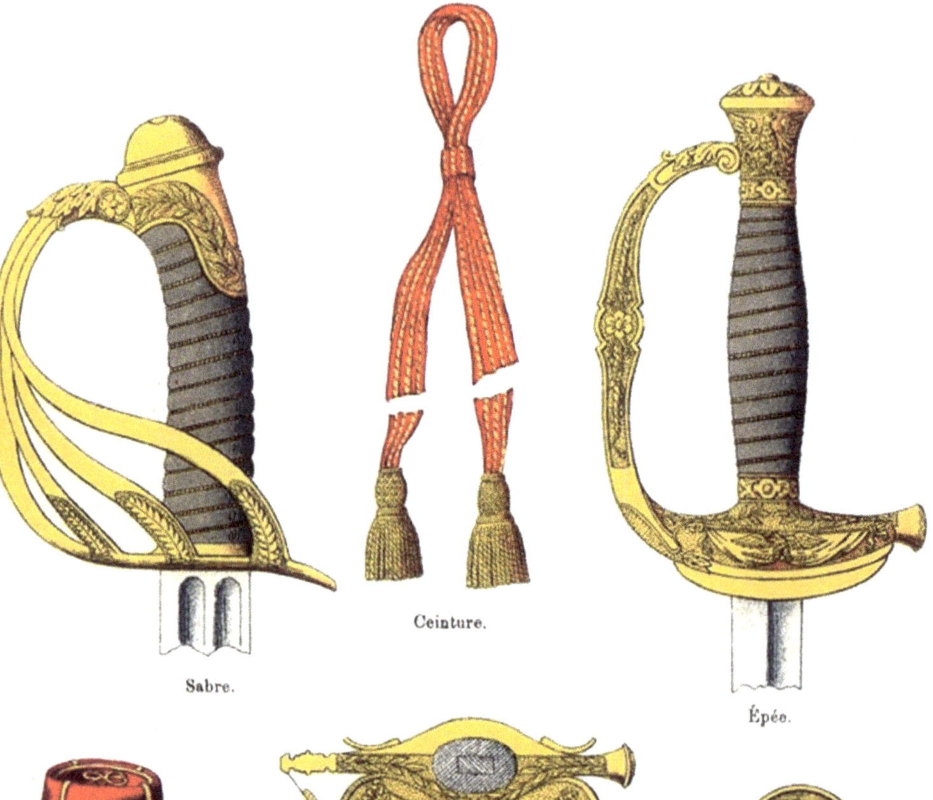

Sabre.

Ceinture.

Épée.

Képi.

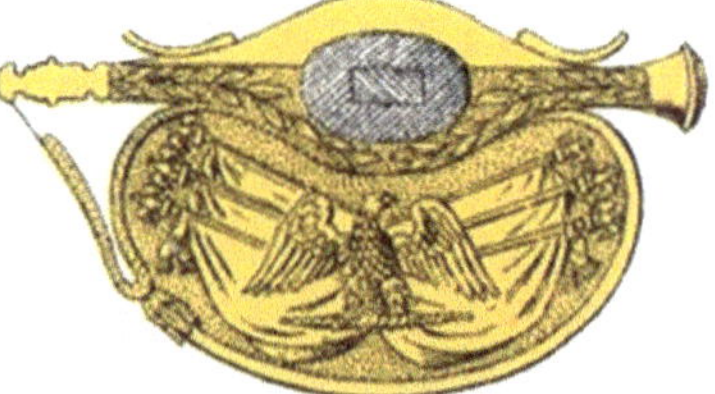

Coquille de l'épée.

Bouton.

Pl. 20 bis

ÉTAT-MAJOR GÉNÉRAL. CORPS D'ÉTAT-MAJOR. GÉNÉRAUX.

1786 et 1860

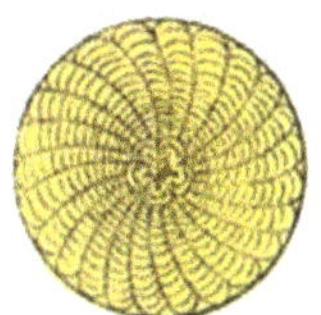

Bouton.
Officiers généraux.
1786.

Aides maréchaux généraux
des logis de l'armée.
1786.

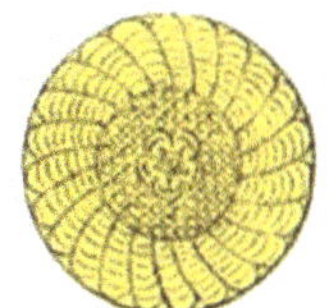

Bouton.
Officier de l'état-major
des armées.
1786.

Broderie de l'habit.
Major-général.
1786.

Broderie de l'habit.
Officiers généraux.
1786.

Galon d'habit.
Maréchal général des logis
de la cavalerie.
1786.

Aides-de-camp du ministre de la guerre. de général de brigade. 1855.
Officier d'ordonnance de l'empereur. 1859.
Général, petite tenue. 1860.

Galon d'habit.
Maréchal général des logis
de l'armée.
1786.

Boutonnières d'habit. 1786.

Aides maréchaux généraux des logis de la cavalerie.

Aides majors généraux.
1786.

Bouton.
Aides-de-camp.
1786.

Bouton.
Ingénieurs géographes.
1786.

Pl. 21.

ÉTAT-MAJOR GÉNÉRAL. INGÉNIEURS GÉOGRAPHES.

2 SEPTEMBRE 1775. 1810.

Ingénieur.

Surnuméraire.

1810.

Bouton d'ingénieur
1815.

R. Humbert.

Pl. 22.

ÉTAT-MAJOR GÉNÉRAL. GUIDES D'ÉTAT-MAJOR.

Boucle de ceinturon d'officier des guides-interprétes.

Schabraque des guides-interprétes.

Schabraque des guides du Maréchal Mortier.

Sabretache des guides du Maréchal Mortier.

Guides-interprétes de l'armée française contre l'Angleterre.
(d'après une ancienne estampe.)

Sac des dragons des fusiliers-guides.

Infanterie. Fusiliers-guides 1756 Dragons. Guide du Maréchal Mortier. Guides 1848.

R. Humbert.

Pl. 23.
Chevau-legers du Roi 1724
Gendarmerie d'élite. — Garde royale 1820
2E PARTIE.
MAISON DU ROI.
GARDE ROYALE
ET
GARDES IMPÉRIALES.
Cent-suisses 1814.
Voltigeur. 1866.
Grenadier. 1er Empire.
Cent-gardes 2e Empire.
R.Humbert.

Pl. 24.

MAISON DU ROI.

1690—1724.

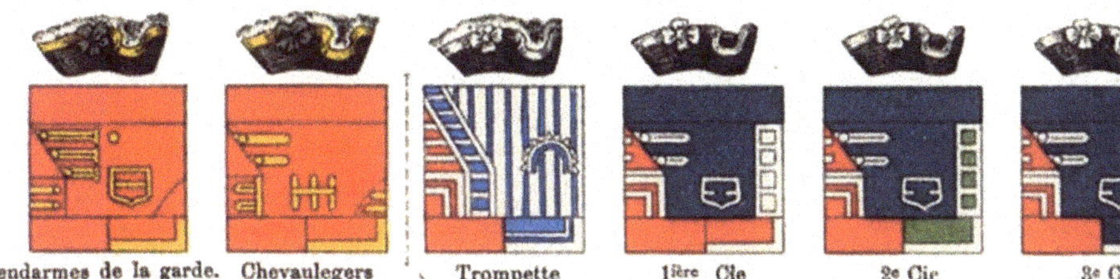

Gendarmes de la garde. Chevaulegers de la garde.

Trompette — 1ière Cie — 2e Cie — 3e Cie

des gardes du corps 1724.

Cent-suisses 1724. Capne tenue de gala.

4e Cie des gardes du corps. 1724.

Cent-suisses 1724. Officier.

Gardes de la porte. 1724.

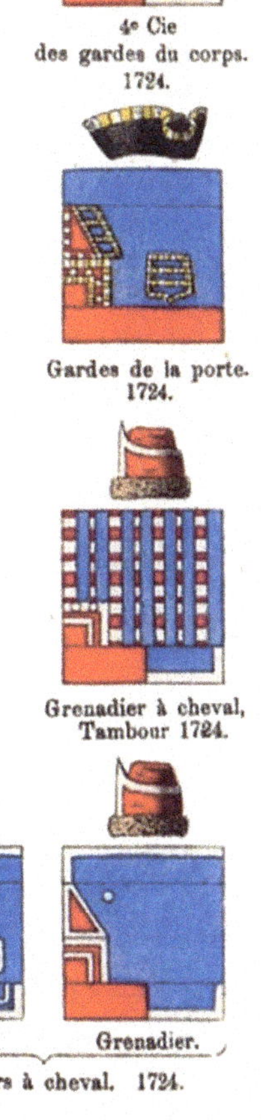

Cent-suisses 1724.

Capitaine des cent-suisses, tenue de cérémonie 1724.

Grenadier à cheval, Tambour 1724.

Timbalier. — Officier. — Gendarme.

Gendarmes de la garde 1724.

Chevaulegers 1724.

Officier. — Grenadier.

Grenadiers à cheval. 1724.

R. Humbert.

Pl. 25.

MAISON DU ROI.

1724 – 1745 – 1786.

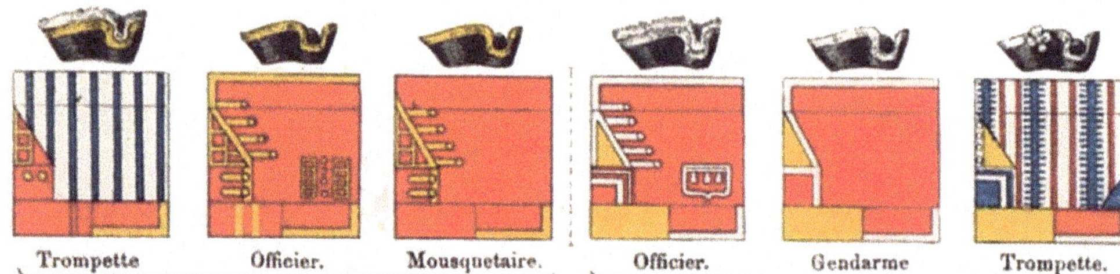

Trompette — Officier. — Mousquetaire. — Officier. — Gendarme — Trompette.

Mousquetaires. 1724. — Gendarmes de France. 1724.

Grenadier à cheval. 1745.

Cent-suisses 1786.

Grenadier à cheval. 1776.

Gardes de la porte 1786. Officier, grande tenue.

Gendarme 1776. Cie du Dauphin.

Mousquetaire, 2e Cie, 1724.

Gardes de la porte 1786. Officier petite tenue.

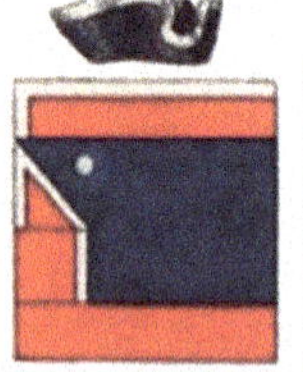

Trompette. — Officier. — Garde, 4e Cie. — Soldat, petit tenue. — Gardes de la porte 1786. — Gardes de la porte 1786, tambour.

Gardes du corps 1786.

Pl. 26

MAISON DU ROI.

Mousquetaire, 2e Cie, 1776.

R. Humbert.

Pl. 27.

MAISON DU ROI ET DES PRINCES.

1786.

Gardes de la prévôté, trompette, 1786. petite tenue, 1786.

Officier.

Gendarme, grande tenue.

Gendarme, petite tenue.

Trompette.

Gendarmes de la garde, 1786.

Chevau-légers, 1786, trompette.

Chevau-légers, 1786, grande tenue.

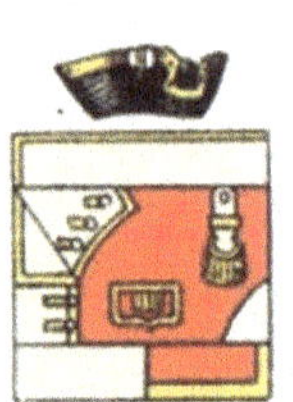

Chevau-légers, 1786, petite tenue.

Garde de la porte du Comte d'Artois.

Garde constitutionnelle, 1791, tambours et trompettes.

Garde constitutionnelle à pied et à cheval, 1791, grande tenue.

Garde constitutionnelle, petite tenue.

Gardes du corps, 2e Cie

Gardes suisse

Gardes de la porte

de Monsieur, 1786.

Gardes du corps, 1re Cie

Gardes suisse

Gardes de la porte

du Comte d'Artois, 1786.

Pl. 28.

MAISON DU ROI. GARDES DU CORPS.

1814—1823.

R. Humbert.

Pl. 29.

MAISON DU ROI. CENT-SUISSES; GARDES A PIED; GARDES DE LA PORTE ET DE LA PRÉVÔTÉ.

1814—1815.

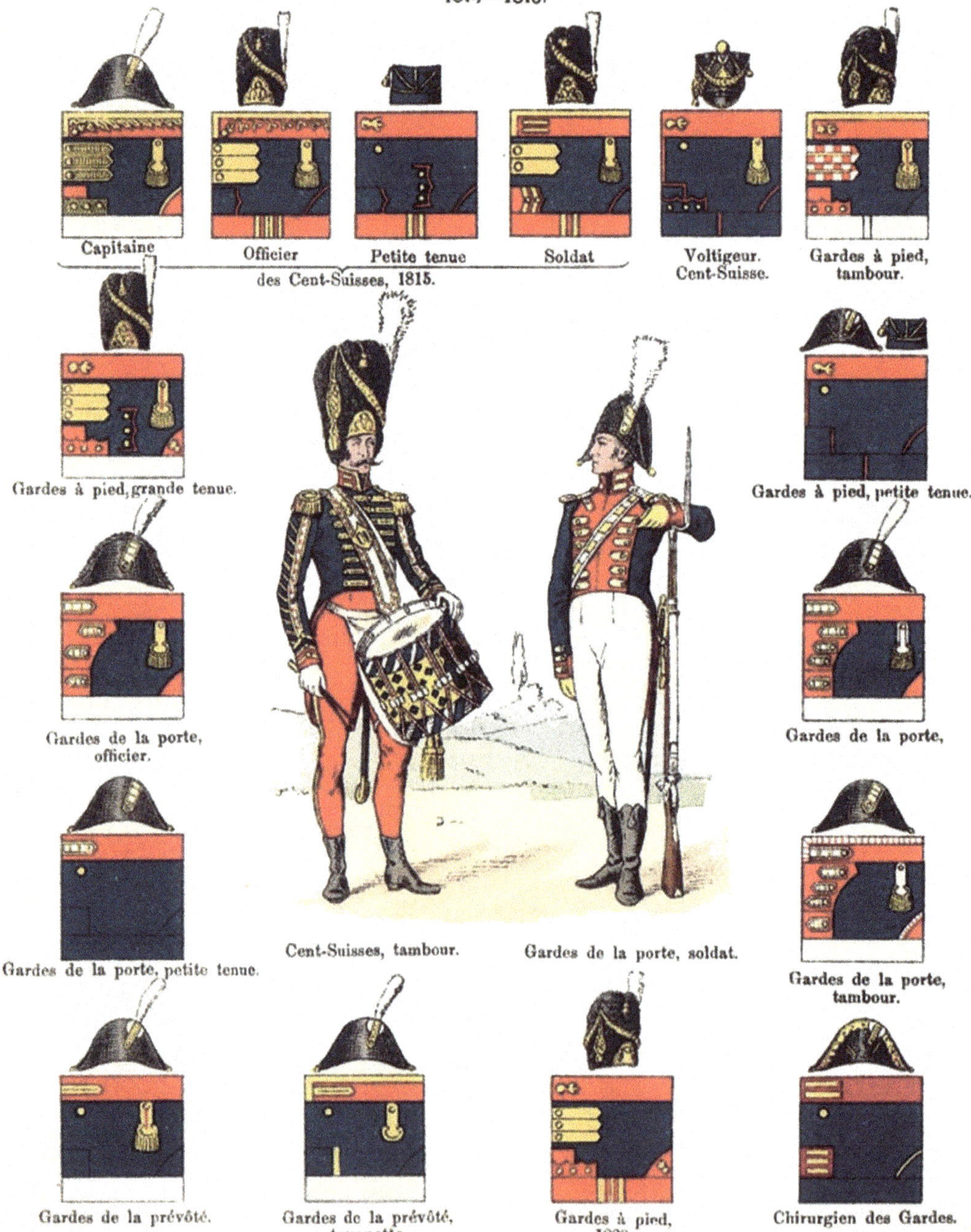

Pl. 30.

MAISON DU ROI.

DÉTAIL D'UNIFORME.

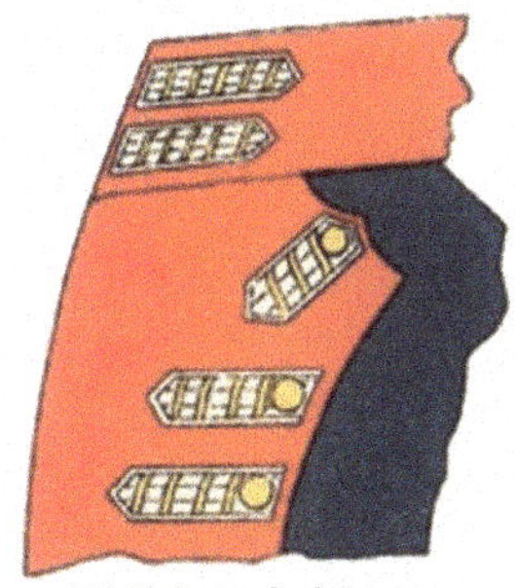

Collet et plastron des Gardes de la porte.

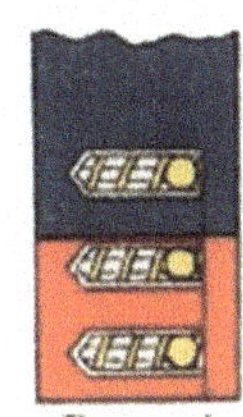

Parement des Gardes de la porte.

Plaque des casque des Chevau-légers.

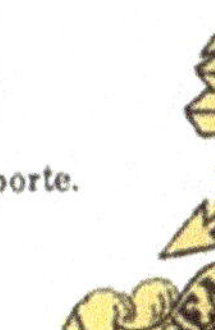

Pan d'habit des Gardes de la porte.

Écusson d'habit des Gardes de la porte.

Bouton des Gardes de la porte.

Écusson d'habit des Gardes de la prévôté.

Bas des revers.

Parement.

Revers et collet.

Pan d'habit.

Gendarmes de la Garde.

R.Humbert.

Pl. 31.

MAISON DU ROI. GENDARMES DE LA GARDE, CHEVAU-LÉGERS DE LA GARDE ET GRENADIERS A CHEVAL.

MAISON DU ROI ET DES PRINCES. Pl. 32.
MOUSQUETAIRES ET GARDES DE MONSIEUR.

MAISON DU ROI. GARDES FRANÇAISES.

Capitaine, 1697.

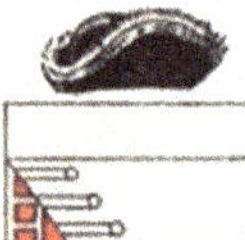
Enseigne, 1697.

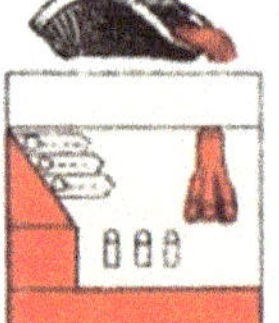
Soldat, 1697.

Tambour, 1724.

Officier, 1724.

Soldat, 1724.

Officier, 1757.

Musicien, 1786, grande tenue.

Officier, petite tenue, 1757.

Musicien, 1786, petite tenue.

Soldat, 1757.

Canonnier et sapeur des Gardes françaises, 1786.

Maréchal de France, colonel du régiment. 1786.

Officier de l'état-major du régiment. 1786.

Adjudant. 1786.

Sergent d'ordre 1786.

Officier. 1786. Grand uniforme.

Officier. 1786. Petit uniforme.

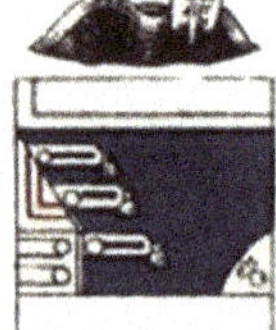
Tambour-major. 1786.

R. Humbert.

Pl. 34.
MAISON DU ROI. GARDES FRANCAISES ET SUISSES.
Sergent de Grenadiers 1786,
Grenadier. 1786,
Fusilier. 1786.
Soldat du dépôt. 1786.
1697.
Fifre. 1724.
Gardes françaises.
Gardes suisses.
Gardes suisses, Officier. 1724.
Gardes suisses, Officier, petite tenue. 1757.
Gardes suisses. Soldat, 1724.
Gardes suisses, Soldat 1757.
1 2 3. 5. 4
1. Gardes françaises: Cymbalier, 1786. 3. Gardes suisses: Tambour-major, 1786.
2. Gardes françaises: Tambour, 1786. 4. Gardes suisses: Musicien, 1786.
5. Gardes suisses: Sapeur, 1786.
Gardes suisses. Officier, 1757.
Colonel des Gardes suisses, 1786.
Officier de Grenadiers. 1786.
Sergent de Grenadiers. 1786.
Fusilier. 1786.
Officier, 1786, petit uniforme.
Soldat, 1786, petit uniforme.
1791.
Gardes suisses.
R. Humbert.

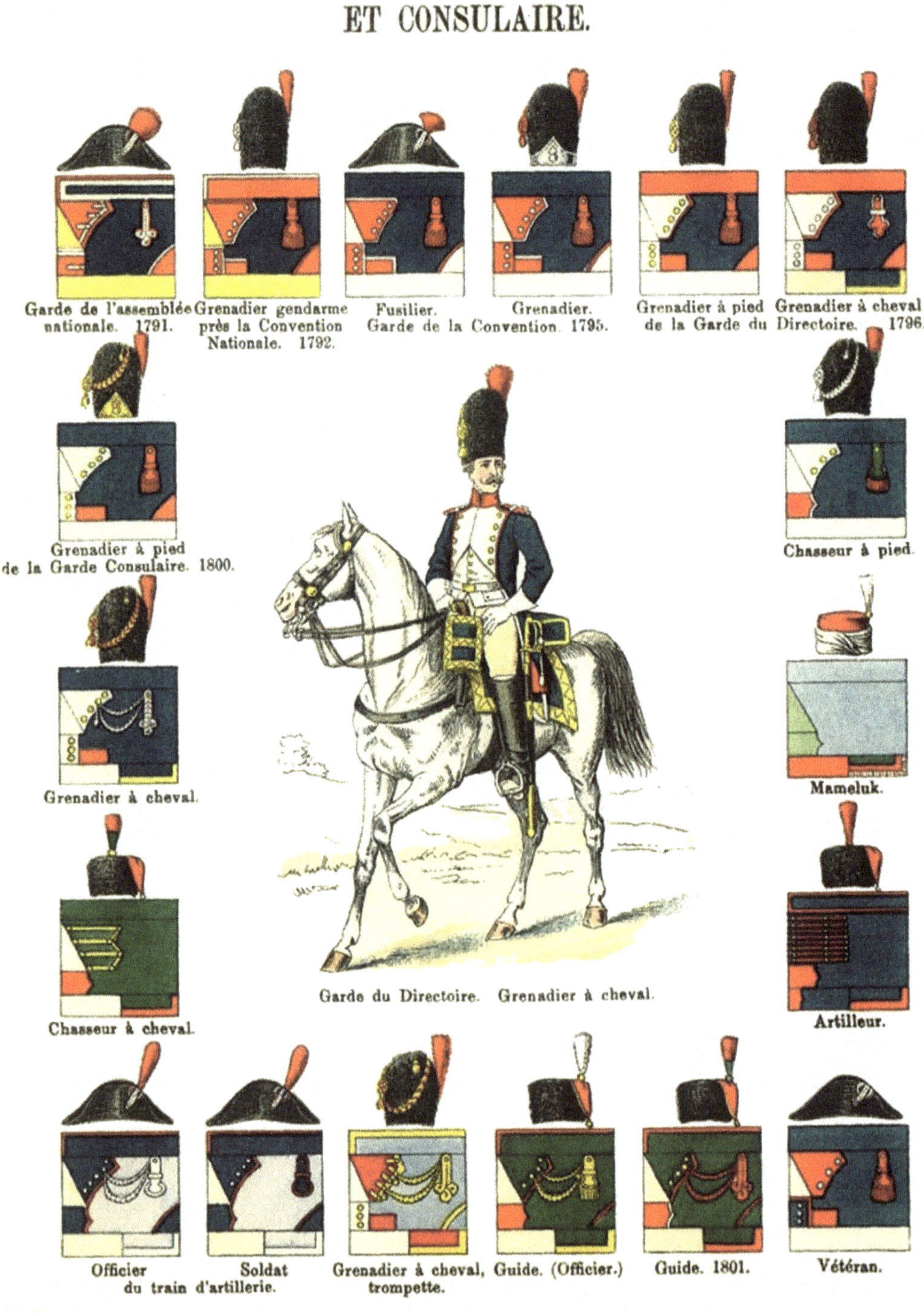
Pl. 35.
GARDE DE LA CONVENTION, DU DIRECTOIRE
ET CONSULAIRE.
Garde de l'assemblée nationale. 1791.
Grenadier gendarme près la Convention Nationale. 1792.
Fusilier.
Grenadier.
Garde de la Convention. 1795.
Grenadier à pied
Grenadier à cheval
de la Garde du Directoire. 1796.
Grenadier à pied
de la Garde Consulaire. 1800.
Chasseur à pied.
Grenadier à cheval.
Mameluk.
Chasseur à cheval.
Artilleur.
Garde du Directoire. Grenadier à cheval.
Officier
Soldat
du train d'artillerie.
Grenadier à cheval, trompette.
Guide. (Officier.)
Guide. 1801.
Vétéran.

Pl. 36.

GARDE IMPÉRIALE NAPOLÉON Ier.

Hr. Lienhart.

Pl. 37.
GARDE IMPÉRIALE NAPOLÉON Ier.
Pupille.
Garde nationale.
Vétéran.
Marin.
Gendarme
Tambour.
Gendarmes d'élite à pied.
Artilleur à pied.
Artilleur à cheval.
Artilleur à cheval, trompette.
Artilleur à cheval, trompette.
Tenue de ville.
Artilleur à cheval, trompette.
Petite tenue.
Artilleur à pied
Tambour-major.
Marin.
Sapeur du génie.
Gendarme d'ordonnance
à cheval.
Gendarme
d'ordonnance à pied.
Train d'artillerie.
Train des équipages.
Ouvrier
d'administration.
Invalide.

Pl. 38.

GARDE IMPÉRIALE NAPOLÉON IER.

Hᵀ. Lienhart.

Pl. 39.

GARDE IMPÉRIALE NAPOLÉON IER.

Eclaireur, 1er Rég. Vieille garde

Eclaireur, 1er Rég. Jeune garde

Eclaireur, 2e Rég.

Eclaireur, 3e Rég.

Gendarme d'élite.

Gendarme d'élite, trompette.

Tartare lithuanien.

Mameluk

Chirurgien.

Lancier polonais, 1er Rég.

Eclaireur, 2e Rég.

Inspecteur aux revues.

Garde d'honneur, 1er Rég.

Garde d'honneur, 2e Rég.

Garde d'honneur, 3e Rég.

Garde d'honneur, 4e Rég.

H^r. Lienhart.

GARDE IMPÉRIALE NAPOLÉON IER.

CHASSEURS A CHEVAL.

Etendart
des chasseurs de la garde.

Trompette.

Chasseur.

H^r. Lienhart.

Pl. 41.

GARDE IMPÉRIALE NAPOLÉON IER.

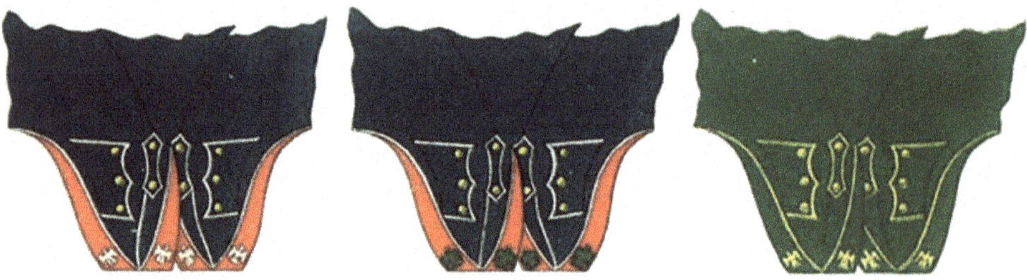

Tirailleur-grenadier.

Tirailleur-chasseur.

Pupille.

Conscrit-grenadier.

Conscrit-chasseur.

Voltigeur.

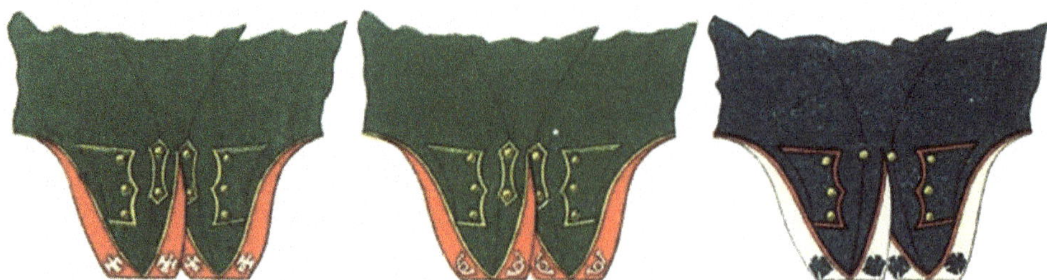

Flanqueur-grenadier.

Flanqueur-chasseur.

Garde nationale. (Fusilier)

H^{ri} Lienhart.

Pl. 42.

GARDE IMPÉRIALE NAPOLÉON IER.

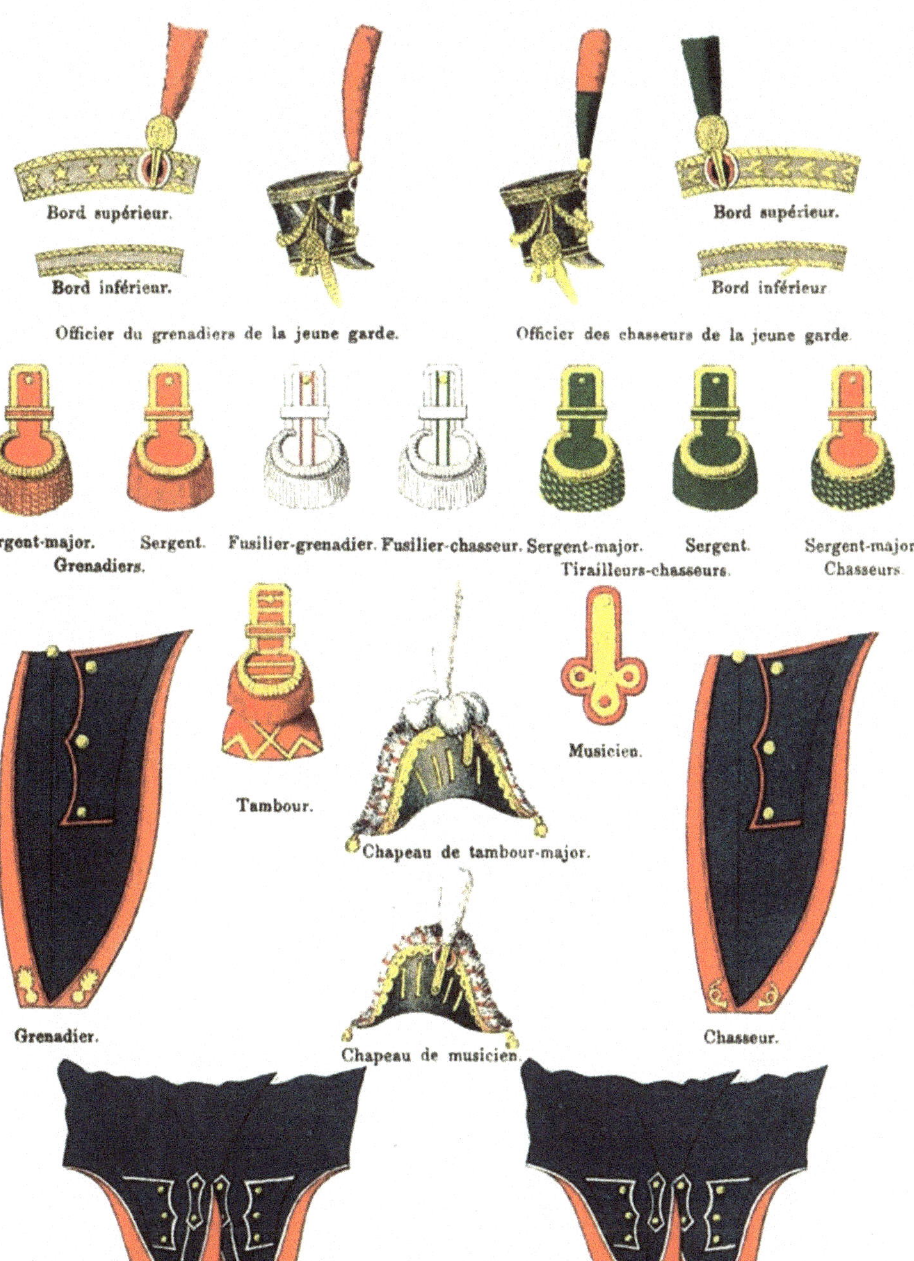

H^r Lienhart.

Pl. 43.
GARDE IMPÉRIALE NAPOLÉON IER.
Garde nationale. (Grenadier.)
Garde nationale. (Voltigeur.)
Garde nationale.
(Grenadier.)
Garde nationale.
(Voltigeur.)
2e Rég. Grenadiers.
Tambour-major.
2e Rég. Grenadiers.
Tambour.
Sapeur.
Caporal et Officier
en surtout.
Grenadiers à pied.
Giberne.
Bonnet de police
de colonel général
des grenadiers.
Chapeau de grenadier.
Sabre.
Hr. Lienhart.

Pl. 44.
GARDE IMPÉRIALE NAPOLÉON IER.
Mameluk.
Garde d'honneur.
ULM IÉNA
EYLAU
FRIEDLAND
ESSLING
WAGRAM
Grenadier à pied. Tambour.
Drapeau du 1er régiment
des Grenadiers à pied de la garde.
Gendarmerie d'élite. Tambour.
Gendarmerie d'élite. Timbalier.
Grenadier à cheval. Trompette.
Hr. Lienhart.

Pl. 45.
GARDE IMPÉRIALE NAPOLÉON Ier.
Lancier polonais. Trompette.
Grenadier hollandais.
Tambour-major.
Dragon. Trompette.
GARDE
IMPERIALE
L'EMPEREUR
NAPOLÉON
AU 2me RÉGIMENT
DES GRENADIERS
À PIED
Drapeau du 2e régiment des
Grenadiers à pied de la garde.
Artillerie à cheval. Trompette.
Gendarmerie d'élite. Trompette.
Grenadier à pied, 1er rég.
Musicien.
Chevau-léger polonais.
Timbalier.
Grenadier hollandais.
Musicien.
Hc. Lienhart.

Pl. 46.

GARDE IMPÉRIALE NAPOLÉON Ier.

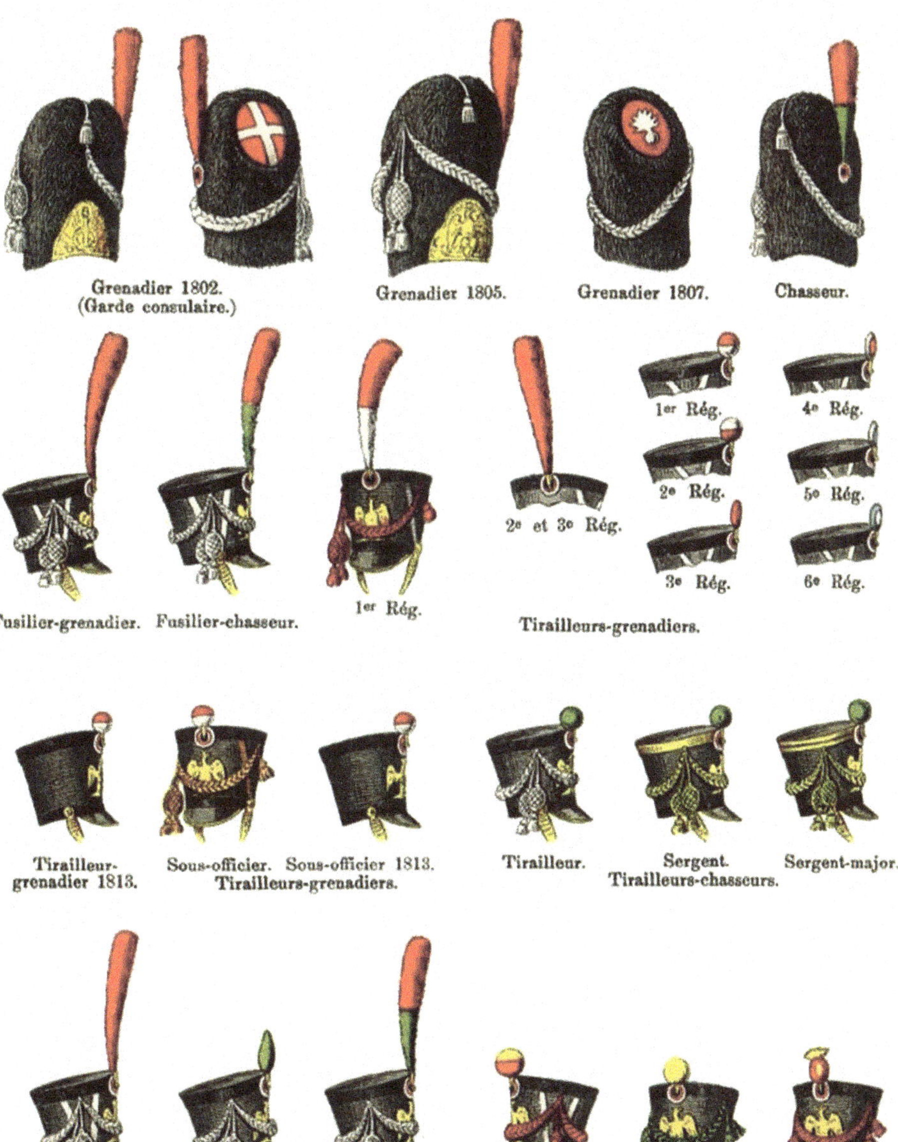

Conscrit-grenadier. Conscrit-chasseur. Voltigeur. Flanqueur. Pupille. Garde nationale.

H

Hc Lienhart.

Pl. 46 bis

GARDE IMPÉRIALE NAPOLÉON Ier.

Bonnet de Mameluck.

Chasseur à pied. Musicien.

Officier de marins, grande tenue.

Officier de marins, petite tenue.

Shako de la garde d'honneur.

Grenadier à pied.

Dragon.

Chasseur à pied.

Shapka de chevaulèger polonais.

Grenadier à pied. Officier, petite tenue.

Garde d'honneur. Officier, tenue de campagne.

Trompette.

Shako de marins de la garde.

R. Humbert.

Pl. 47.

GARDE ROYALE.

Lancier. 1822.

Grenadier à cheval. 1821.

Grenadier à pied. 1816.

Artilleur à pied. 1815.

Compagnie sédentaire. 1815.

Dragon. 1815.

Chasseur à cheval. 1815.

H^r Lienhart.

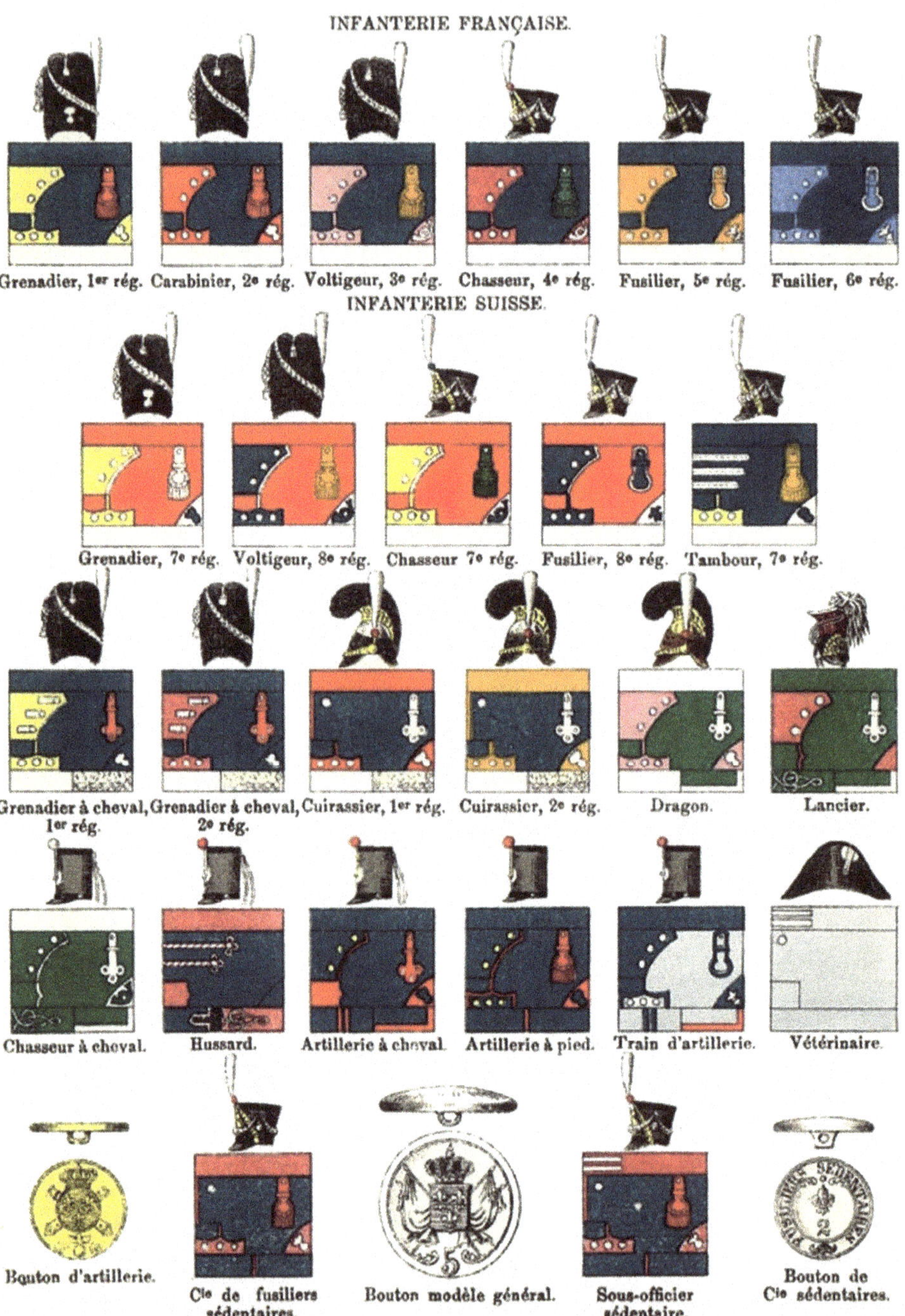

Pl. 48.
GARDE ROYALE.
ORDONNANCE DU 27 SEPTEMBRE 1815.
INFANTERIE FRANÇAISE.
Grenadier, 1er rég.
Carabinier, 2e rég.
Voltigeur, 3e rég.
Chasseur, 4e rég.
Fusilier, 5e rég.
Fusilier, 6e rég.
INFANTERIE SUISSE.
Grenadier, 7e rég.
Voltigeur, 8e rég.
Chasseur 7e rég.
Fusilier, 8e rég.
Tambour, 7e rég.
Grenadier à cheval, 1er rég.
Grenadier à cheval, 2e rég.
Cuirassier, 1er rég.
Cuirassier, 2e rég.
Dragon.
Lancier.
Chasseur à cheval.
Hussard.
Artillerie à cheval.
Artillerie à pied.
Train d'artillerie.
Vétérinaire.
Bouton d'artillerie.
Cie de fusiliers sédentaires.
Bouton modèle général.
Sous-officier sédentaire.
Bouton de Cie sédentaires.
Hr. Lienhart.

Pl. 49.

GARDE ROYALE.

REGLEMENT ADDITIONNEL DU 14 OCTOBRE 1815.

Pl. 50.

GARDE ROYALE.

Hr. Lienhart.

Pl. 51.

GARDE ROYALE.

Artilleur à cheval. 1821.

Hussard, officier 1821.

Chasseur à cheval, 1821. 1818

Dragon, officier. 1821.

Cuirassier. 1815.

Vᶜ Lienhart

Pl. 52.

GARDE ROYALE.

INFANTERIE.

VESTES, RETROUSSIS, etc.

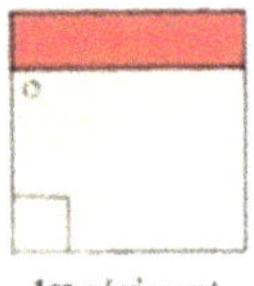
1er régiment.

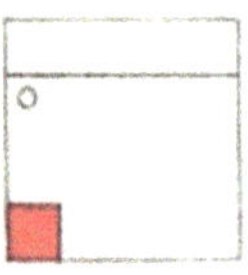
4e régiment.

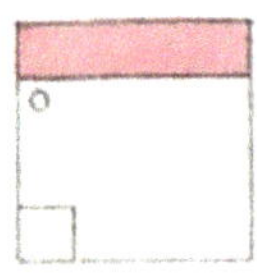
2e régiment.

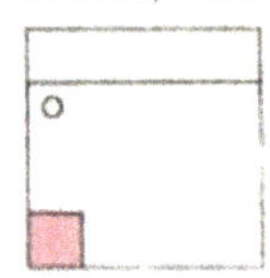
5e régiment.

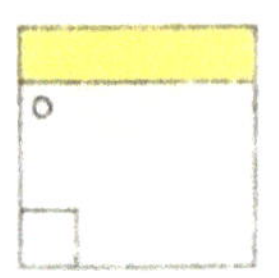
3e régiment.

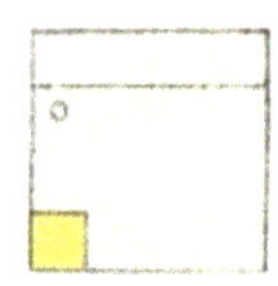
6e régiment.

7e régiment.

8e régiment.

Grenadiers, caporal (veste)

Voltigeur (veste).

Infanterie française, caporal.

Fusilier, tambour, 1815. Fusilier. 1815. Train d'artillerie, sous-officier. 1821.

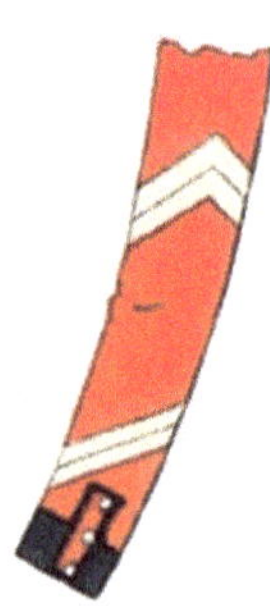
Infanterie suisse, caporal.

Grenadier.

Voltigeur.

Chasseur.

Fusilier.

RÉGIMENTS FRANÇAIS.

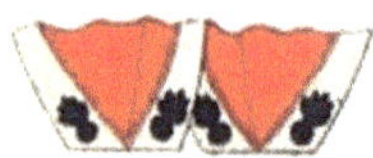
Grenadier.

Voltigeur.

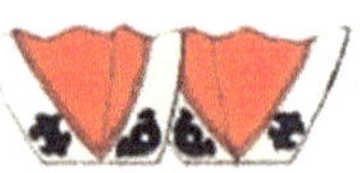
Chasseur.

Fusilier.

RÉGIMENTS SUISSES.

HC. Lienhart.

Pl. 53.

GARDE ROYALE.

CAVALERIE.

RETROUSSIS ET MANTEAUX.

Gendarme d'élite.

Grenadier, 1er rég.

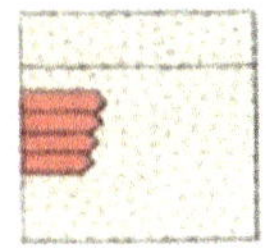
Grenadier, 2e rég.

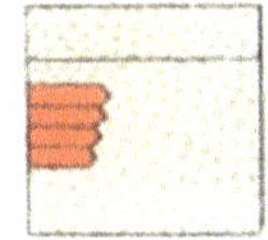
Cuirassier, 1er rég.

Cuirassier, 2e rég.

Dragon.

Grenadier à cheval.

Cuirassier.

Dragon.

Chasseur.

Lancier.

Dragon 1816.

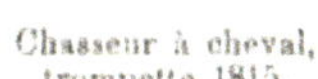
Chasseur à cheval, trompette 1815.

Artillerie.

Train d'artillerie.

Gendarme d'élite.

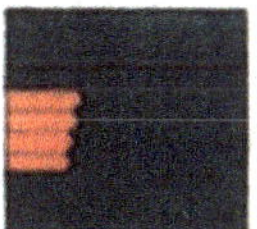
Artillerie.

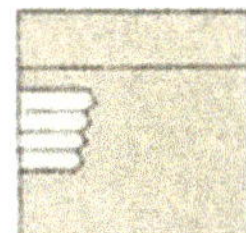
Train d'artillerie.

Chasseur.

Lancier.

Hussard.

Pl. 54.

GARDE ROYALE.

Plaque de bonnet à poils de grenadiers.

Plaque de schapska de lancier.

Grenadier.

Casque et cuirasse de cuirassier.

Fusilier suisse.

Plaque d'infanterie suisse.

Plaque de giberne des grenadiers.

V. Humbert

Pl. 55.

GARDE IMPÉRIALE NAPOLÉON III.

Grenadier, 1854, gde tenue.

Grenadier, 1854, tenue de ville.

Grenadier, 1857, grande tenue.

Grenadier, 1857, tenue de ville.

Grenadier, 1860, grande tenue.

Grenadier, 1860, tenue de ville.

Voltigeur, 1854, gde tenue.

Voltigeur, 1854, tenue de ville.

Grenadier, 1857, grande tenue. Grenadier, 1857, tenue de ville. Voltigeur, 1857, grande tenue.

Voltigeur, 1857, gde tenue.

Voltigeur, 1857, tenue de ville.

Voltigeur, 1860, grande tenue.

Voltigeur, 1860, petite tenue.

Tambour-major des grenadiers.
grande tenue. 1857, petite tenue. 1857, grande tenue. 1860.

Tambour-major des voltigeurs,
grande tenue. 1857, grande tenue. 1860, petite tenue. 1860,

Ill. Lienhart

Pl. 56.

GARDE IMPÉRIALE NAPOLÉON III.

Hr. Lienhart.

Pl. 57.

GARDE IMPÉRIALE NAPOLÉON III.

Pl. 58.

GARDE IMPÉRIALE NAPOLÉON III.

COIFFURES ET ACCESSOIRES.

Grenadier (devant) 1854.

Officier, grenadier (derrière) 1854.

Grenadier, 1857.

Musicien de grenadier.

Chapeau de grenadier, corne gauche.

Voltigeur, 1857.

Chapeau de grenadier, corne droite.

Chapeau de voltigeur.

Voltigeur, 1854.

Bonnet de police, grenadiers.

Voltigeur, 1860.

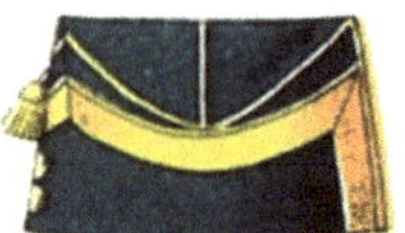
Bonnet de police, voltigeurs.

Chasseur.
1854!

Képi.

Officier.
1854!

Chasseurs à pied.

Zouave, officier.

Hr Lienhart.

GARDE IMPÉRIALE NAPOLÉON III.

Pompons des grenadiers.

1er rég. 2e rég. 3e rég.

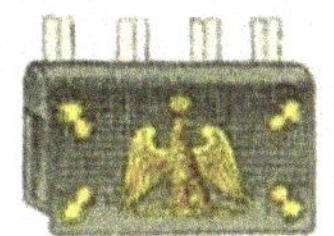

Giberne de grenadier.

Pompons des grenadiers. Cies hors rang.

1er rég. 2e rég. 3e rég.

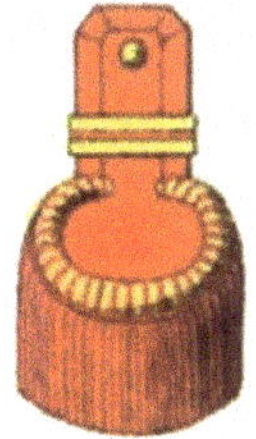

Sous-officier,

Tambour-maître.

1er rég. 2e rég.
Voltigeurs. (pompons).

1er rég. 2e rég.
Voltigeurs. (pompons.)
Compagnies hors rang.

3e rég. 4e rég.
Voltigeurs. (pompons.)

Voltigeur. Grenadiers.

3e rég. 4e rég.
Voltigeurs. (pompons.)
Compagnies hors rang.

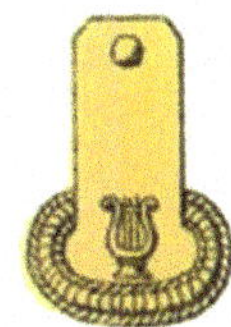

Chef de musique. Musiciens.
Voltigeurs.

Giberne de voltigeur.

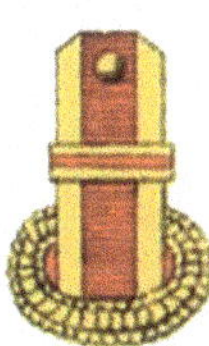

Sous-chef de musique. Musiciens.
Grenadiers.

Pl. 60.
GARDE IMPÉRIALE NAPOLÉON III.
TAMBOUR-MAJOR.
Colback de grenadier.
Pendant de ceinturon (Grenadier.)
Epaulette. (Grenadier.)
Colback de voltigeur.
Habit de tambour-major de grenadier.
Tambour-majors.
Grenadier 1860.
Gendarmerie.
Baudrier. (Grenadier.)
Galon de grade. (Grenadier.)
Tambour.
Collier de tambour.
Galon de grade. (Voltigeur.)
Hr Lienhart.

Pl. 61.

GARDE IMPÉRIALE NAPOLÉON III.

INSIGNES DE SAPEUR. — BOUTTONS. — PLUMETS. — POMPONS ETC.

Grenadier. Chasseur.

Voltigeur. Harnachement d'officier, grande tenue. Zouave.

Modèle général. Gendarmerie.

Musicien, gendarmerie. Chasseur, 1857.

Aigrette de colonel. (Grenadier.)

Aigrette de colonel. (Voltigeur.)

Officier supérieur. Pompon d'état-major. Grenadiers.

Képi de gendarmerie.

Pompon d'état-major. Officier supérieur. Voltigeurs.

Pl. 62.

GARDE IMPÉRIALE NAPOLÉON III.

FLAMMES DES TROMPETTES.

1ère Cuirassiers.

2e Cuirassiers.

Dragons.

Lanciers.

Chasseurs.

Cent-gardes.

Guides.

Cuirassier, 2e rég.

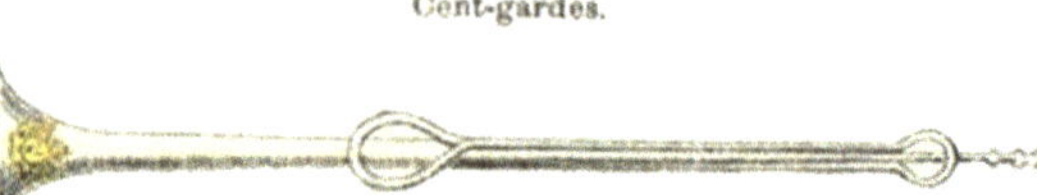
Trompette de Cent-gardes.

Lancier.

Artillerie

Train d'equipages

Gendarmerie.

Chassour à pied.

Mc. Lienhart.

Pl. 63.

GARDE IMPÉRIALE NAPOLÉON III.

Pl. 64.
GARDE IMPÉRIALE NAPOLÉON III.
Officier, grande tenue.
Officier, tenue de ville.
Officier, grande tenue.
Officier, tenue de ville.
Officier, grande tenue.
Officier, tenue de ville.
Cuirassiers, 1er rég.
Dragons de l'impératrice.
Lanciers.
Cuirassier, 2e rég., musicien.
Cuirassier, 2e rég., chef de musique, tenue de ville.
Dragon, musicien.
Dragon, chef de musique, tenue de ville.
Lancier, sous-chef de musique.
Chasseur à cheval.
Guide.
Lancier, musicien petite tenue.
Chasseur.
Trompette.
Officier, tenue de ville.
Guide.
Trompette.
Officier, tenue de ville.
Chasseurs à cheval.
Guides.
Hr Lienhart.

Pl. 65.

GARDE IMPÉRIALE NAPOLÉON III.

Pl. 66.

GARDE IMPÉRIALE NAPOLÉON III.

COIFFURES.

Cuirassier.

Lancier.

Dragon.

Chasseur.

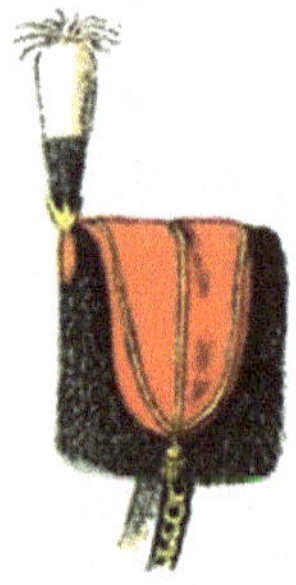

Guide.

Artilleur.

Train des équipages

Cuirassier, 1er régiment.

Cuirassier, 2e régiment.

Lancier.

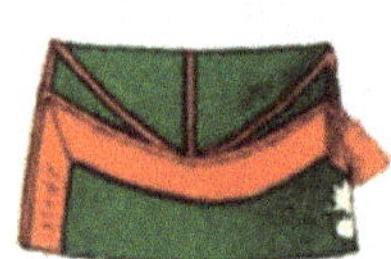

Dragon.

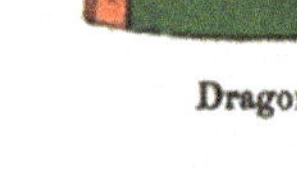

Chasseur.

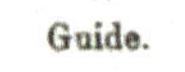

Guide.

Artilleur.

Train des équipages.

Hr. Lienhart.

GARDE IMPÉRIALE NAPOLÉON III.

CENT-GARDES.

Bonnet de police. 1857.

Chapeau.

Kepi. 1854.

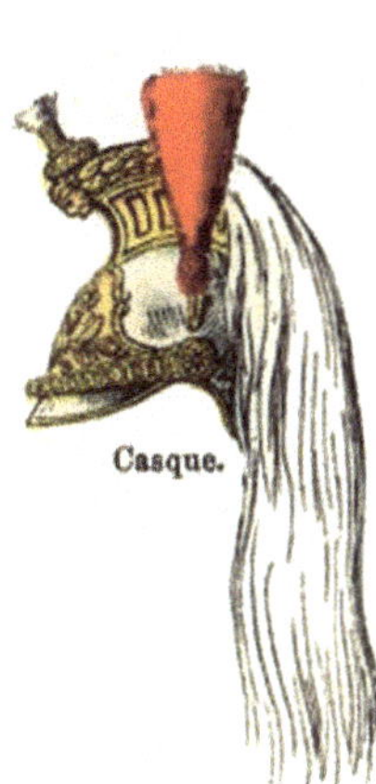
Casque.

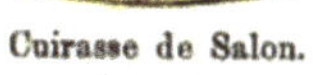
Cuirasse de Salon.

Manteau.

Devant du bonnet de police.

Bouton.

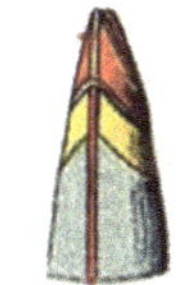
Derrière du bonnet de police.

R. Humbert.

Pl. 68.

GARDE IMPÉRIALE NAPOLÉON III.

Cent-gardes. (Trompette)

Cuirassier, 1er rég., trompette,

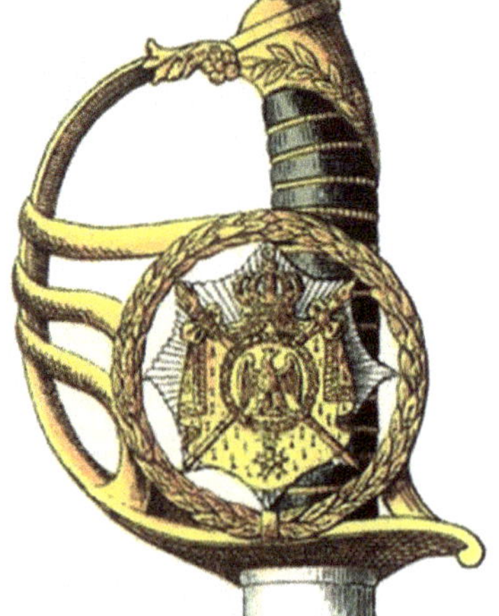

Dragon, trompette.

Sabre de cent-gardes.

Guide, trompette.

Chasseur à cheval, trompette.

Artilleur, trompette.

R. Humbert.

GARDE IMPÉRIALE NAPOLÉON III.

TRAIN DES EQUIPAGES.

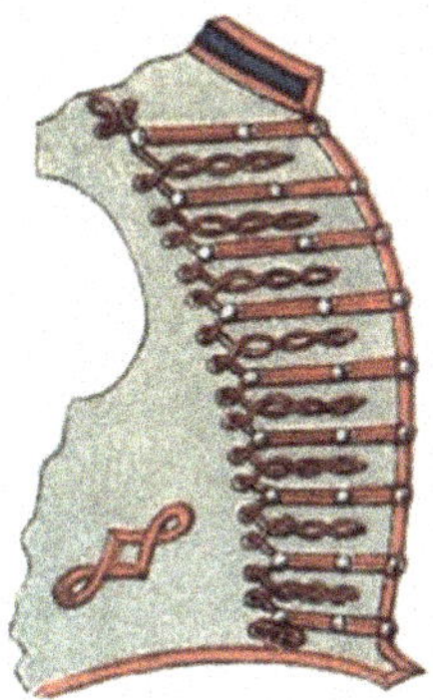
Dolman.

Manteau.

GENIE.

Habit veste (conducteur).
1854.

Tunique. 1864.

Fourragère de colback
(conducteur.)

Bonnet de police.
Soldat.

Bouton.

Bonnet de police.
Officier.

R. Humbert.

Pl. 70.

GARDE IMPÉRIALE NAPOLÉON III.

CUIRASSIERS.

1er régiment.

2e régiment.

Schabraque.
1er régiment.

Giberne.

1er régiment.

2e régiment.

R. Humbert.

Pl. 71.

GARDE IMPÉRIALE NAPOLÉON III.

LANCIERS.

Giberne.

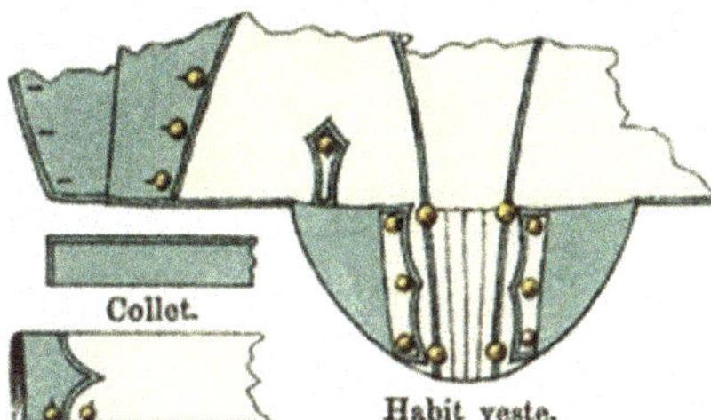
Collet.

Manche.

Habit veste.

Ceinturon d'officier.

Flamme de lance.

Manteau.

Schabraque.

DRAGONS.

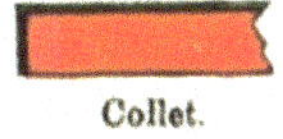
Collet.

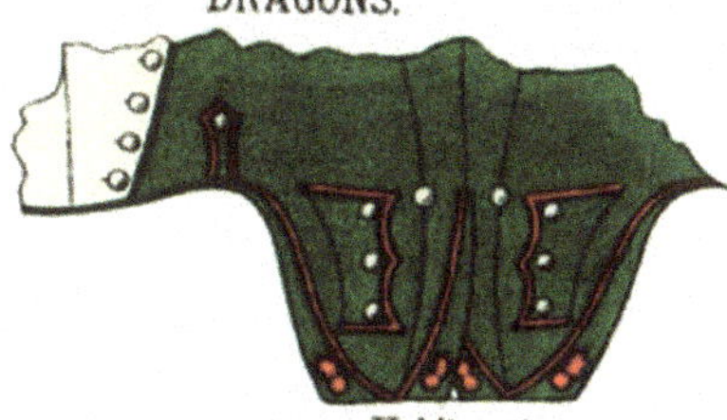
Habit veste.

Manche.

Schabraque.

Manteau.

Giberne.

R. Humbert.

Pl. 72.

GARDE IMPÉRIALE NAPOLÉON III.

CHASSEURS A CHEVAL.

Dolman (devant.)

Dolman (derrière.)

Giberne.

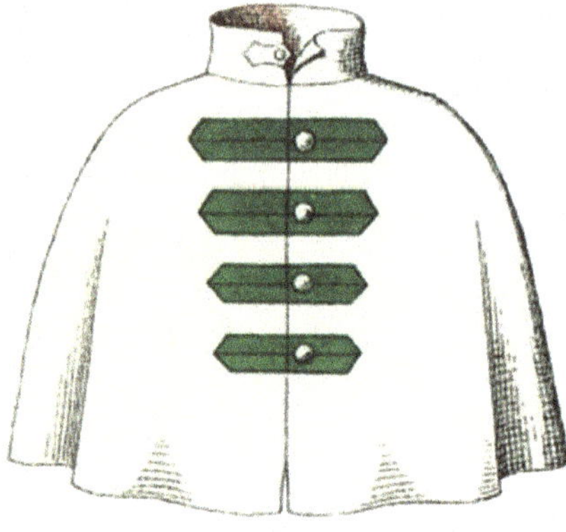
Manteau.

Schabraque.

Sabretache.
(Proposée, mais non misé en service).

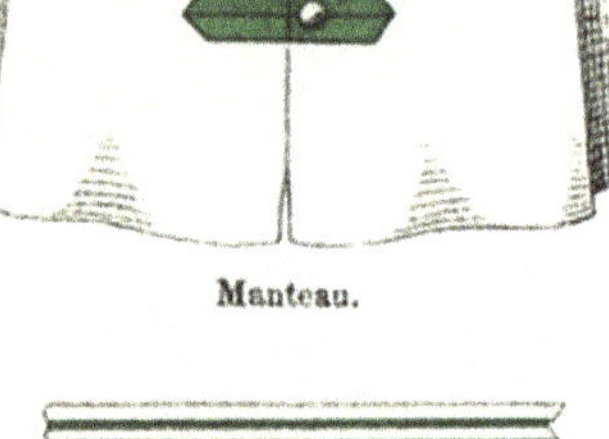
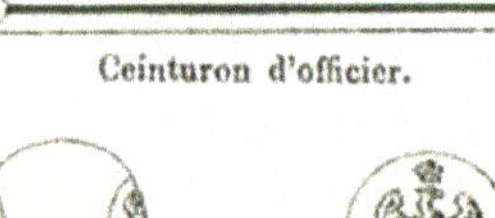
Ceinturon d'officier.

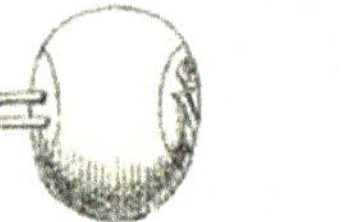
Boutons.

Schako (petite tenue).

R. Humbert.

Pl. 73.

GARDE IMPÉRIALE NAPOLÉON III.

GUIDES.

Manche.

Dolman.

Pelisse.

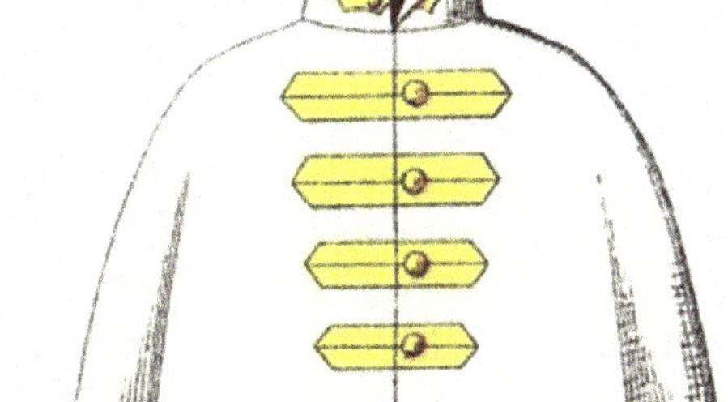

Ceinturon d'officier.

Manteau.

Giberne.

Sabretache.
(Officier.)

Schabraque.
(Troupe.)

Sabretache.
(Trompette.)

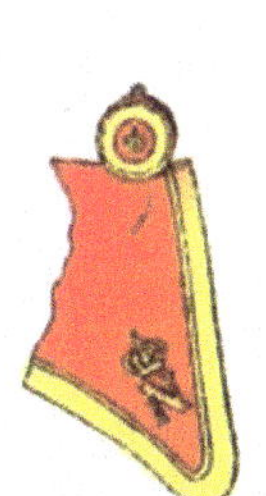

Schabraque.
(Trompette.)

Sabretache.
(Troupe.)

R. Humbert.

Pl. 74.

GARDE IMPÉRIALE NAPOLÉON III.

ARTILLERIE.

Devant du Dolman.
(Artillerie à cheval.)

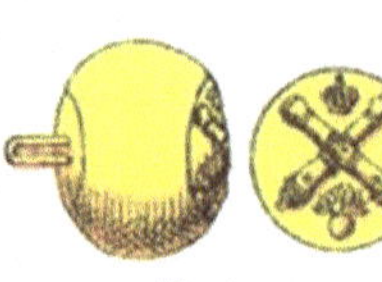

Boutons.

Derrière du Dolman.
(Artillerie à cheval.)

Giberne.

Manteau.

Schabraque.

Devant du Dolman.
(Artillerie à pied.)

Sabretache.
(Officier.)

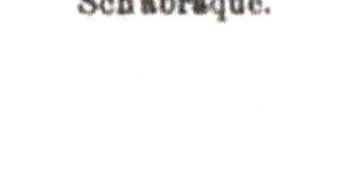

Coupe du collet.
Etat-major particulier de l'artillerie.

Sabretache.
(Artilleur.)

G. Humbert.

Pl. 75.

GARDE IMPÉRIALE NAPOLÉON III.

FANIONS D'ALIGNEMENT ET BRASSARDS.

GRENADIERS.

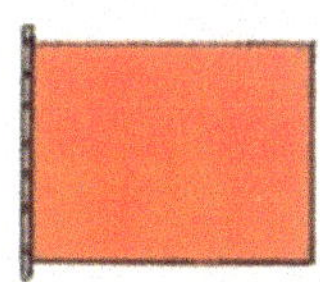
1er Bataillon.

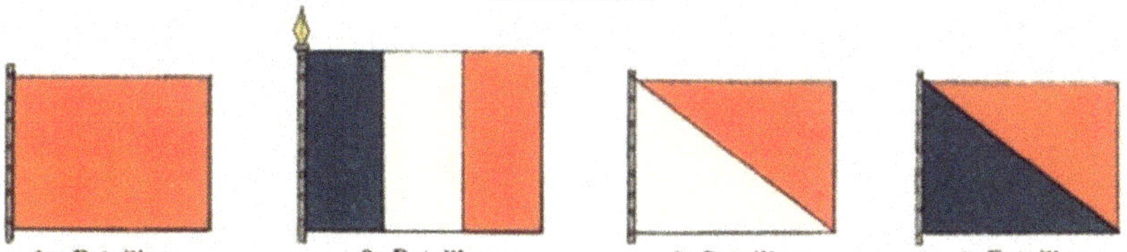

2e Bataillon.

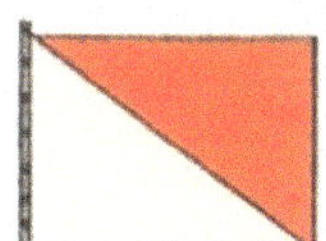
3e Bataillon.

4e Bataillon.

Conducteur d'équipages.
Grenadier.

Conducteur d'équipages.
Voltigeur.

Tambour-maître.
Grenadiers. 1854.

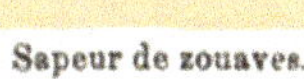
Sapeur de zouaves.

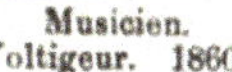
Musicien.
Voltigeur. 1860.

VOLTIGEURS.

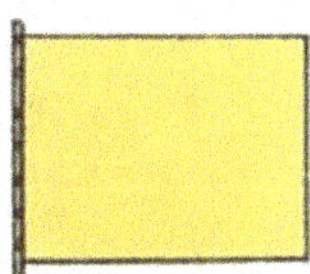
1er Bataillon.

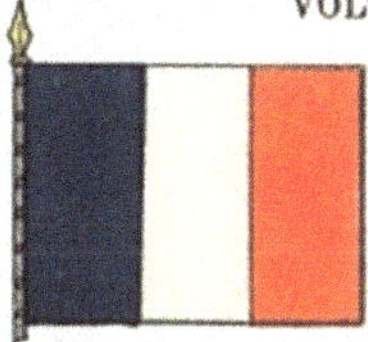
2e Bataillon.

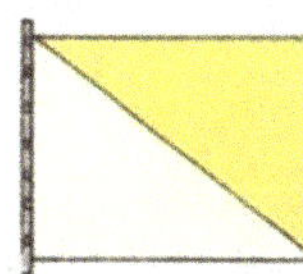
3e Bataillon.

4e Bataillon.

Ur. Lienhart.

Pl. 76.
GARDE IMPÉRIALE NAPOLÉON III.
Cuirassier, 1er rég.
Gendarme.
Artillerie à cheval.
Officier.
Cuirassier, 2e rég.
Artillerie à cheval.
Officier (petite tenue.)
Dragon.
Lancier.
Fr. Lienhart.

Pl. 77.

GARDE IMPÉRIALE NAPOLÉON III.

Cuirassier, 1er rég. Officier, tenue de ville.

Grenadier. Musicien.

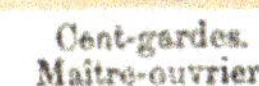

Dragon. Officier, petite tenue.

Cent-gardes. Maitre-ouvrier.

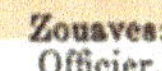

Zouaves:

Tambour-major. Officier. Clairon.

Chasseurs à pied:

Officier, petite tenue. Officier, 1860. Chef de fanfare.

Artillerie à cheval. Officier, petite tenue.

Train d'artillerie. Officier.

Artillerie à pied, petite tenue d'hiver.

Hr Lienhart

Pl. 78.

GENDARMERIE DE FRANCE.

1724.

Timbalier.

Trompette.

Officier.

Gendarme.

1735.

Trompettes. 1763.

1737—1764.

Gendarmes Ecossais. Gendarmes Anglais. Gendarmes de Bourgogne. Gendarmes de Flandre.

Fontes à pistolets.
Gend^es d'Orléans. Gend^es de la Reine.

Tablier de Timbales.
Gendarmes de Bourgogne.

Gendarmes de Bretagne.

Fontes à pistolets.
Gend^es Dauphin. Gend^es d'Anjou.

Gendarmes de Berry.

GENDARMERIE DE FRANCE.

Gendarme appointé. 1766. (Bourgogne.) — Officier. 1766. (Gendarmes de la Reine). — Officier. 1724. (Gendarmes Ecossais).

Trompette des Gendarmes d'Orléans. 1724. Timbalier des Gendarmes de Bourgogne.

Pl. 80.

GENDARMERIE DE FRANCE.

1764 – 1775.

Gendarmes Ecossais.

Gendarmes Anglais.

Gendarmes de Bourgogne.

Gendarmes de Flandre.

Gendarmes de la Reine.
Officier.

Gendarmes de la Bretagne.

R. Humbert.

SOLDIERS, WEAPONS & UNIFORMS ALREADY PUBLISHED
(SOME TITLES)

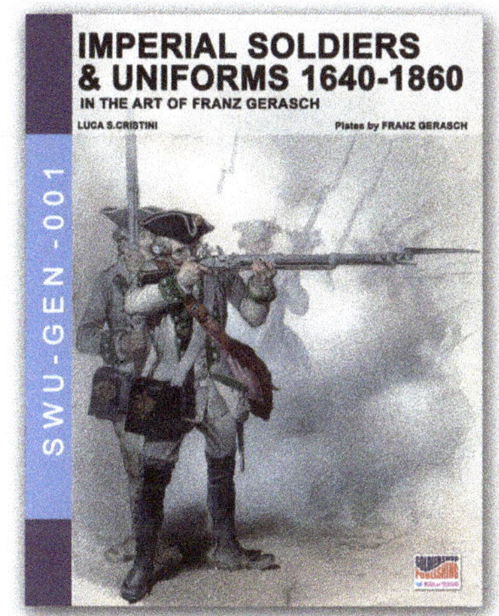

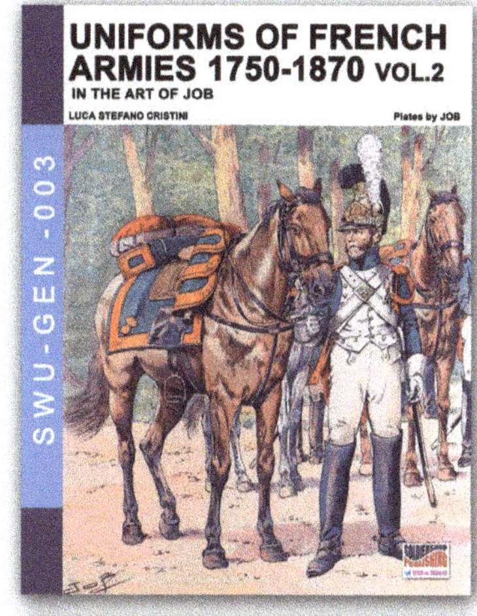

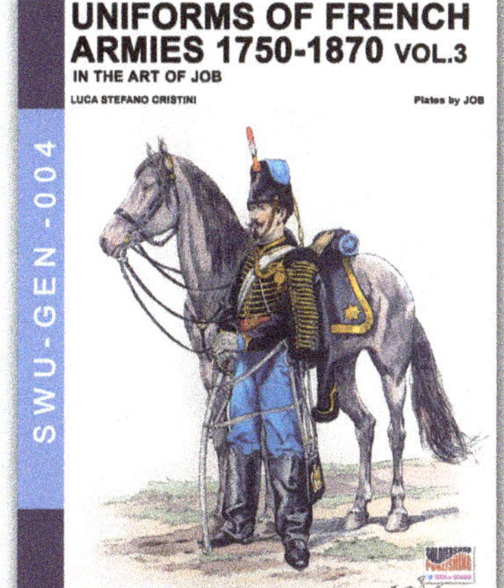

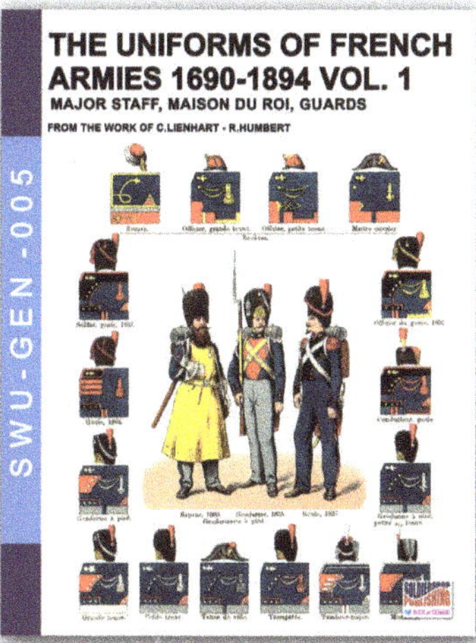

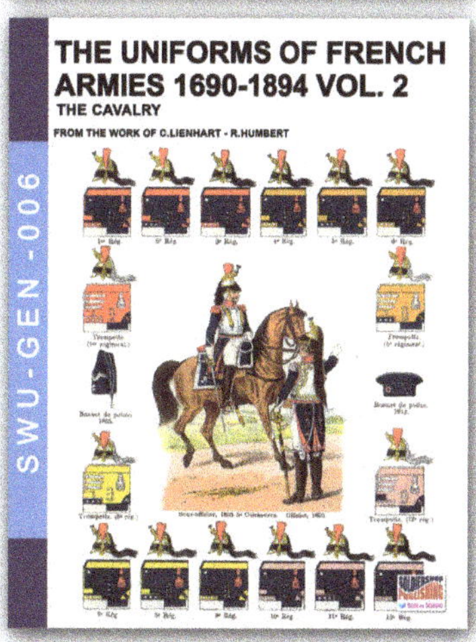

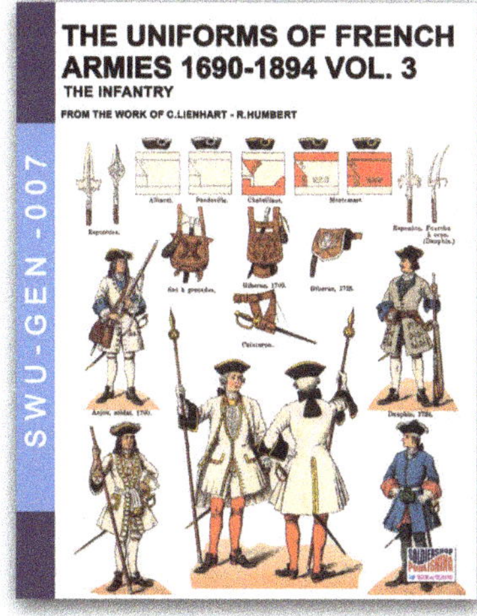

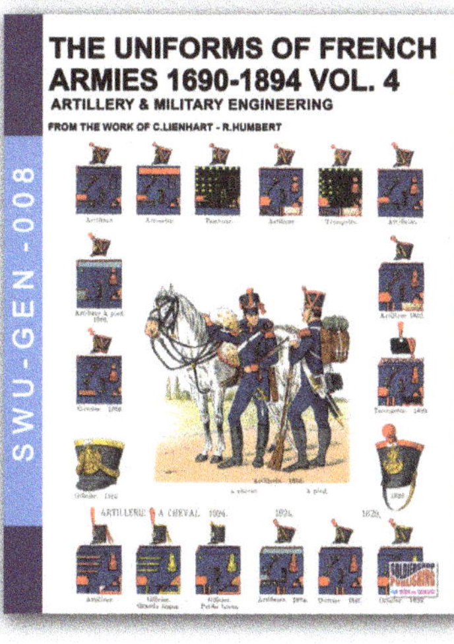

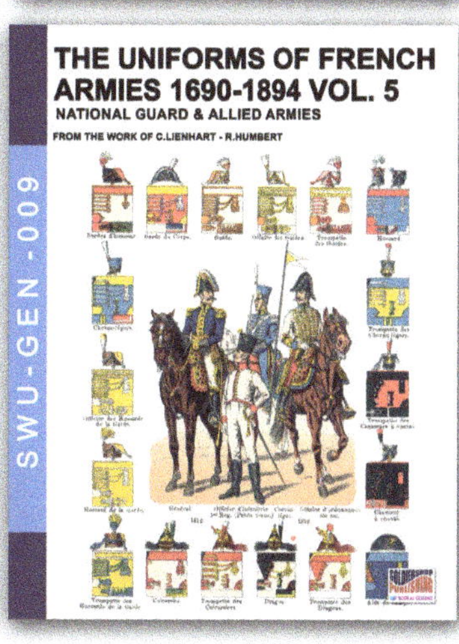

SOLDIERSHOP
PUBLISHING
CRI STI NI
ED ITO RE

www.ingramcontent.com/pod-product-compliance
Lightning Source LLC
Chambersburg PA
CBHW041149120626
46547CB00020B/3158